MANUEL FRINCONI

I SEGRETI DEGLI IMMOBILI

Consigli Pratici per Guadagnare con la Compravendita Immobiliare

Titolo

"I SEGRETI DEGLI IMMOBILI"

Autore

Manuel Frinconi

Editore

Bruno Editore

Sito internet

www.BrunoEditore.it

Sommario

Introduzione

Ci sono cose che appartengono alla cultura di un popolo. Per tradizione ed educazione socio-culturale. Il mattone, da sempre è nel DNA degli Italiani. La cara e vecchia casa ha da sempre il suo fascino ed è considerata come il "posto" più sicuro dove mettere i propri soldi, per proteggerli dall'inflazione e da qualsiasi altro evento che possa intaccarne il valore reale.

Ma è veramente così? Sì, ma solo a certe condizioni. In caso contrario, quel "posto sicuro", può riservare spiacevoli sorprese, come qualsiasi altra forma di risparmio e/o investimento. Ecco perché, come in ogni settore, fondamentale è la *conoscenza* del mercato di riferimento, delle regole che lo disciplinano, e dei parametri in base ai quali si muove.

La conoscenza serve per poter effettuare delle corrette valutazioni al fine di impostare strategie vincenti. Ma, soprattutto, serve per evitare di incorrere in errori che possono costare molto cari. Infatti *Non basta disporre di capitali come garanzia di sicuro successo*. Sono solo le *conoscenze* e le *informazioni* che consentono di ridurre il rischio di errori e, al tempo stesso, di trovare interessanti opportunità.

Alfio Bardolla insegna: «Non è importante ciò che sai, ma quello che fai, con ciò che sai». Conosco molte persone che sanno molto ma non mettono in pratica ciò che sanno, preferendo agire in maniera emotiva o epidermica, e conosco altre persone che, invece, fanno, senza sapere.

Ogni mercato ha delle regole precise riguardo le proprie dinamiche e il corretto utilizzo degli strumenti che lo caratterizzano. Dal mancato rispetto (o osservanza) delle regole, scaturiscono sempre spiacevoli sorprese. E questo vale per qualsiasi mercato. Ecco perché anche in questo mercato, se ci si muove conoscendo le regole – e anticipandone le dinamiche evolutive – si possono trovare delle ottime opportunità e fare degli ottimi affari. Se si agisce in maniera corretta, difficilmente l'investimento immobiliare, in termini di rendimento, è battibile. Anzi: decisamente, non ha rivali!

GIORNO 1:
Come mai l'immobile è l'investimento prediletto dagli Italiani

Quello italiano è un popolo "arretrato" sotto alcuni punti di vista. Per quel che riguarda la cultura, esso ha lasciato indelebile traccia dei propri estro e genialità. Come tutti sappiamo, abbiamo avuto grandissimi artisti, poeti, letterati, scienziati e inventori che ci invidiano in tutto il mondo. I Romani, ad esempio, hanno dominato il mondo per diversi secoli, e come vastità d'impero il loro è stato secondo solo a quello di Gengis Khan.

Ma dal punto di vista economico e finanziario l'Italia non è mai stata altrettanto "dinamica" e pertanto non si è evoluta come in altri campi. Anzi, direi che è rimasta piuttosto "arretrata". Prova ne è il fatto che, dopo il boom economico del dopoguerra, l'economia del nostro Paese è in continuo declino, lento ma inarrestabile. Da che eravamo nella rosa degli otto Paesi maggiormente industrializzati, oggi, nel PIL, siamo stati sorpassati da paesi come Estonia, Lettonia ecc.

Sicuramente la maggior responsabilità di tale situazione è da attribuirsi a scelte politiche rivelatesi fallimentari negli ultimi cinquanta anni, ma non dimentichiamo che siamo noi ad eleggere chi ci rappresenta in Parlamento e quindi, indirettamente, a scegliere chi deve governarci. Pertanto parte evidente della responsabilità è nostra. Ed è vero che il Parlamento rappresenta lo specchio di quello che siamo.

Anticamente (e saggiamente) la forma e il metro di misura della vera ricchezza per eccellenza, era la terra: non a caso i nobili possedevano immensi latifondi, che producevano beni con cui essi si mantenevano e offrivano da mangiare (leggi: *da vivere*) a chi lavorava per loro. Le loro residenze erano dei sontuosi palazzi, la cui fastosità e imponenza mostravano la potenza del casato.

Poi c'è stato l'avvento del commercio, che ha consentito la nascita di una nuova classe sociale che si è arricchita in breve tempo: la borghesia. **Terra**, **immobili** e **commercio**: queste sono state le prime forme economiche che generavano ricchezza. Dopodiché è sopraggiunta l'**era industriale**, che in parte è una forma naturale di evoluzione del commercio (produzione) e della distribuzione. La quale, tuttavia, ha rappresentato un vero punto di svolta, in quanto ha consentito di produrre su larga scala qualsiasi tipo di bene, rendendolo accessibile alla maggior parte delle persone.

La produzione non artigianale ma su larga scala, come è noto, riduce i costi, quindi i prezzi d'acquisto. Sono pertanto decollati i consumi di massa. A sostegno del commercio e dell'industria è nata la **finanza**. Scopo primo (ma non unico) della finanza è quello di reperire denaro presso terzi al fine di finanziare e alimentare tutti i settori produttivi (aziende, imprese, industrie) per ottenere un ritorno sul denaro prestato o erogato sotto varie forme (mutui, prestiti leasing, factoring, commercial paper, lettere di patronage ecc.). Le banche non nascono per *tenere* denaro.

Nascono per *erogare* denaro. Se erogano, ottengono una remunerazione sui capitali concessi. Se non erogano, sostengono solo dei costi. Perché il denaro, sia che lo acquistino dalle banche centrali (o se lo facciano prestare da altri istituti), sia che lo ricevano da chi deposita (ossia, i risparmiatori), rappresenta un costo, in quanto debbono remunerarlo. Quindi: lo scopo primo delle banche è sempre stato quello di impiegare quelle risorse al fine di ottenere un ritorno economico. La banca è un commerciante: acquista merce (denaro) per rivenderla.

Fin qui l'evoluzione economica è stata lineare: **terra**, **immobili**, **commercio**, **industria**, **finanza**. Ma cosa è successo dopo? Ossia: come mai stiamo attraversando una crisi di proporzioni mondiali, mai vista prima, e altamente pericolosa? Qui c'è stato l'intoppo. O meglio, una degenerazione in uno dei passaggi evolutivi menzionati: la finanza.

Per capire come mai sia successo, e cosa sia successo, è opportuno prima spiegare un po' più nel dettaglio a cosa serve la finanza, e perché è nata. Il primo scopo lo abbiamo appena visto: generare profitti erogando denaro sotto varie forme. Il secondo scopo è quello di rendere *liquide* attività che per loro natura, sarebbero *illiquide,* favorendo quindi nei sistemi economici e finanziari *la circolazione del denaro*, che rappresenta la linfa, il carburante per farli andare avanti.

Avrai sentito nei telegiornali la frase: «La Banca Centrale ha iniettato nel sistema *x* miliardi di euro…». Il senso di queste parole è, appunto, questo: ridare benzina al motore dell'economia e della finanza. Il problema riguarda il *come* lo si è fatto! In pratica, accade oggi un qualcosa di molto simile a ciò che accadde quando gli negli Stati Uniti al tempo di Nixon (nel 1971, per la precisione), poco saggiamente si decise di sganciare il valore della moneta dall'oro.

Da quel momento il valore della moneta, non essendo più agganciato a un parametro di riferimento "reale", ha iniziato a fluttuare notevolmente (per la precisione: a calare sempre di più). Gli Stati Uniti scelsero tale soluzione perché ritenevano che, sganciando il valore del denaro dall'oro (la possibilità di emettere moneta come quantità era in relazione a dei parametri connessi con le proprie riserve aurifere), avrebbero potuto stampare tanta cartamoneta quanta ne serviva per sostenere la propria economia. Ecco perché ho definito questo modo di agire "poco saggio".

E anche loro lo sapevano. Il valore dell'oro dipende dal fatto che questo è un materiale prezioso in quanto raro. Quindi, assieme alle pietre preziose e a materiali altrettanto rari (ad esempio, quelli con cui si fabbricano le armi atomiche, come l'uranio e il plutonio), se si aggancia il valore di un "bene non reale" come la moneta a questi parametri, essendo essi limitati in natura, non subisce particolari oscillazioni. Quindi, i riferimenti a beni reali rari, pertanto preziosi, offrono stabilità ai sistemi. Un domani sarà il petrolio l'oro (nero) di quel momento. Dopodomani sarà l'acqua, e quant'altro inizierà a scarseggiare o comunque a essere presente in quantità sempre più limitata in natura e/o non replicabile artificialmente.

Prima della decisione degli USA c'erano dei limiti per tutti gli Stati nel poter stampare moneta: suddetto limite era dettato da determinati parametri che, come detto, facevano riferimento alla disponibilità di riserve aurifere. Dal 1971 non fu più così, e quindi, come afferma correttamente Robert Kiyosaki: «La moneta ha cessato di esser tale, per diventare valuta». La valuta trae il proprio valore da parametri *convenzionali*, non da parametri *reali*.

Come è noto, le convenzioni rispondono alle logiche del momento. Pertanto non garantiscono alcuna stabilità, e questo fatto rappresenta quanto di più pericoloso possa esistere per qualsiasi sistema economico e finanziario. Il risultato è, appunto, la crisi che stiamo attraversando. Ecco perché il dollaro statunitense si deprezza sempre più: perché fondamentalmente è "carta straccia", a cui si aggancia *per convenzione* un determinato valore, che per sua natura è destinato a subire continue mutazioni, a seconda della bisogna, delle circostanze di politica economica e monetaria ecc.

Lo stesso tipo di fenomeno e degenerazione ha subito la finanza e, di nuovo, la crisi partita dagli Stati Uniti. Come avrai intuito, non stimo particolarmente gli Americani in quanto, da sempre, prediligono la furbizia all'intelligenza, la tattica alla strategia. A mio parere hanno delle doti innegabili (intraprendenza, operatività) ma anche dei grossi limiti che ne vanificano le potenzialità.

Il loro è sempre stato un capitalismo basato sul debito e sulle facili soluzioni, provvisorie peraltro. La loro vera e unica fortuna, deriva dal fatto che nel sottosuolo hanno qualsiasi tipo di minerale, e in grandi quantità a disposizione. Che, guarda caso, si tengono stretti proprio in quanto *beni reali*!

Anzi, pur disponendo di immense risorse petrolifere, non le utilizzano: le tengono come riserve e acquistano sul mercato quanto serve loro. Proprio per questo io ritengo che abbiano intrapreso la guerra in Iraq non di certo per motivi etici e democratici, ma perché in questo modo si sarebbero assicurati rifornimenti di petrolio! È solo questione di numeri: la guerra costa x, ma con le concessioni di sfruttamento guadagnano y. Non ci credi? Allora come mai nella ex Jugoslavia non s'impegnarono altrettanto?

È questione di soldi. Come per tutte le guerre. Da sempre. Il problema è – a parer mio – che le conseguenze delle politiche fallimentari degli Stati Uniti le pagano anche altri. Solo che loro hanno i mezzi (reali) per risollevarsi, mentre gli altri paesi, non tutti o non sempre, sono in grado di reggere tali urti dei sistemi.

Come dicevo, in finanza è accaduta la stessa cosa. La finanza è nata per supportare l'economia reale, e ogni strumento finanziario, per propria natura, fa riferimento a un sottostante bene reale. I titoli azionari fanno riferimento ad aziende; le obbligazioni, in quanto prestiti, alla capacità dell'emittente di funzionare (Stati, aziende...); le commodities a beni come arance, grano, metalli preziosi ecc.

Che scopo ha tutto questo? Di favorire l'economia reale, di darle liquidità, di supportarla per consentirle di svilupparsi e di funzionare sempre meglio, favorendo la circolazione dei capitali. Anche per i privati la finanza ha risolto molte cose: il mutuo, ad esempio. Esso, infatti, consente a chi non dispone di determinate cifre di acquistare casa frazionando il prezzo, sia pur maggiorato degli interessi da corrispondere come utile per chi eroga. Se non si fosse inventato lo strumento finanziario *mutuo*, pochissime persone sarebbero proprietarie delle case in cui abitano.

Oppure i derivati: ad esempio, tramite l'utilizzo degli *interest rate cap, floor, collar* ci si protegge da variazioni dei parametri convenzionali posti a base di certe attività finanziarie. I quali, come spiegato prima, proprio perché convenzionali, sono destinati a subire variazioni.

Anche le *options* nascono con finalità di protezione dall'andamento negativo dei corsi azionari e, anzi, consentono anche di scommettere sul ribasso dei medesimi. Il problema, come al solito, non è mai nel singolo strumento, ma nel come lo si utilizza.

SEGRETO n. 1: la causa dei problemi non è mai uno strumento, ma essa dipende sempre dal come si sceglie di utilizzarlo.

I prestiti finanziari che hanno fatto esplodere il fenomeno delle rate consentono di frazionare nel tempo le spese per beni, necessari e non, a favore di chi non dispone delle cifre necessarie al fine di ottenere subito i beni desiderati da parte degli utenti. E di incassare subito i soldi da parte di produttori dei beni e/o servizi. Quindi, come vedi, la finanza serve… eccome! A tutti. Al sistema non solo economico, ma anche sociale.

Veniamo al caso dei mutui subprime che hanno innestato la crisi.

I problemi, come detto, sorgono quando si sganciano i valori finanziari da parametri (valori) reali. I mutui citati sono mutui concessi a persone di scarsa e/o dubbia solvibilità. Perché si sono concessi mutui se i concessionari ritenevano che potessero esserci possibilità di mancati rimborsi? *Perché si ipotizzava che i valori del settore immobiliare fossero destinati a crescere sempre.* Non comprendo in base a quali concezioni negli USA si potesse pensare questo, dal momento che la storia ci insegna che nella vita tutto è ciclico, e ciò dalle notte dei tempi.

Poi è successa un'altra cosa: siccome la finanza serve, come detto, per rendere liquidi i mercati *reali* (ad esempio: trasformando dei crediti in strumenti finanziari vendibili), tramite le cartolarizzazioni si è pensato di vendere pacchetti di crediti (*mutui*, appunto) ad altri istituti, che, a loro volta, li hanno inseriti nei prodotti finanziari (fondi comuni d'investimento, polizze assicurative, fondi pensione) che collocavano presso i risparmiatori, sia istituzionali che privati.

Morale: si è avuto un effetto domino; se alla base il bene di riferimento reale (mutui concessi a clienti di dubbia solvibilità) si rivela un disastro, naturalmente ciò si ripercuote su tutta la catena che ne è susseguita, costituita dai successivi passaggi che ha subito. Ecco che cosa è successo.

Si è addirittura arrivati a pensare che la finanza potesse essere di per sé un qualcosa di sganciato dall'economia reale. Ma non è così: la finanza *sposta* solamente denari, non li *crea*. Solo imprese, aziende e industrie producono ricchezza.

L'arroganza (non l'ignoranza, perché in campo finanziario essi sono altamente evoluti) degli americani ha dimostrato – tramite la degenerazione e crisi profonda della finanza – una certa presunzione che hanno avuto nel ritenere che il loro fosse, o potesse essere di per sé, un mercato autonomo e svincolato da qualsiasi parametro reale di riferimento, o da regole che ne potessero arginare la possibilità di storture.

Il libero mercato così concepito non ha funzionato per un semplice fatto: *libertà* non può significare *anarchia*, ossia *assenza di regole. Libertà* significa *sviluppo secondo delle regole*, pensate e codificate, che ne disciplinino il corretto svolgimento e funzionamento ma, soprattutto, che prevedano come affrontare possibili situazioni difficili.

Il bello è che non è possibile conoscere l'entità esatta del costo di questa crisi perché molti strumenti utilizzati per le operazioni finanziarie sono i cosiddetti *derivati*, il cui esito e valore si conoscerà solo al termine, ossia alle scadenze contrattuali. Per cui si ipotizza che le perdite possano essere di gran lunga superiori ai mille miliardi stimati come valore di massima. Questo perché molti strumenti utilizzano una leva finanziaria superiore a 1, ossia possono impegnare il contraente per cifre superiori a quelle conferite in gestione, quindi impiegate. Con alcuni strumenti derivati le possibilità di perdita sono potenzialmente illimitate.

A mio avviso il prossimo "bubbone" che scoppierà negli USA è quello delle carte di credito, tramite le quali gli Americani si stanno indebitando sempre più (anche gli Italiani, in verità...) per condurre uno stile di vita superiore alle effettive possibilità.

In Italia tutto questo non si è verificato, grazie a quelle che io vedo come arretratezza e ignoranza nel campo della finanza. È ironico ma, contrariamente a quanto sono solito affermare, l'ignoranza stavolta ci ha salvati in quanto, non essendo noi così evoluti finanziariamente, non sappiamo utilizzare certi strumenti, e quindi non siamo incorsi nel rischio di abusare della finanza come è accaduto in Inghilterra e negli USA.

Non è corretto dire quanto si sente in televisione, ossia che la crisi della finanza rischia di intaccare l'economia reale. Chi afferma questo (soprattutto i politici) dimostra di essere profondamente ignorante. La finanza, soprattutto grazie alla globalizzazione, è l'altra faccia dell'economia reale: sono due facce di un'unica moneta, non due entità distinte e/o semplicemente collegate.

Ovviamente la crisi di questo secolo, che non ha precedenti in quanto crisi di *sistema* e non di *produttività*, inciderà sull'economia reale: le banche a corto di soldi concederanno meno prestiti a privati e aziende; le aziende ridurranno il personale, e produrranno meno; l'economia, già non florida, si contrarrà sempre più. Gli artigiani e le piccole imprese, nervatura economica di qualsiasi paese, saranno in grosse difficoltà, e le famiglie spenderanno sempre meno a causa del minore potere d'acquisto delle proprie entrate. Questi sono solo alcuni degli effetti di questa crisi, che durerà anni.

Altra causa della crisi è la totale assenza delle autorità controllanti (visto che non controllano alcunché e non hanno mai evitato situazioni pericolose); degli incroci proprietari, in base ai quali spesso il controllato è azionista del controllante; delle agenzie di rating e, soprattutto, la mancanza di precise regole che disciplinino l'attività degli operatori e del mercato.

C'è poi un aspetto rilevante da non trascurare: i mercati si basano sulla fiducia che gli operatori hanno in un dato sistema; se manca la fiducia, il sistema collassa. Stavolta la crisi è davvero grave perché ha minato la credibilità e la solidità delle banche e delle assicurazioni, che nell'immaginario collettivo sono percepite come istituzioni.

Quindi le persone non sono sfiduciate come in passato, magari perché i loro fondi d'investimento sono andati male: oggi esse hanno paura, perché per la prima volta, hanno visto come anche le banche e le assicurazioni, possano fallire in un batter d'occhio.

Questo è quello che la realtà ha dimostrato, e quindi la percezione nell'immaginario collettivo è più che giustificata: è semplicemente reale, tremendamente reale. E questo è devastante, in termini di fiducia.

Bene… in tutta questa confusione e crisi di fiducia nel sistema assume un significato ben preciso il titolo di questo primo Giorno: *Come mai l'immobile è l'investimento prediletto dagli Italiani*. A parte la motivazione prima esposta (ossia che ciò è nel nostro DNA, per tradizione e cultura), la risposta è una sola: perché si tratta di un **bene reale**. Da secoli. Come la terra.

SEGRETO n. 2: i beni immobiliari, non essendo agganciati a parametri convenzionali, subiscono molto meno le alterne vicende dei mercati. Sempre a certe condizioni.

Ma non essendo questo l'unico bene reale esistente, come mai gli Italiani non hanno scelto, ad esempio, il mercato delle pietre preziose, delle opere d'arte, della numismatica, dei vini, o di altri beni reali? Semplice: perché non occorre una cultura universitaria o un'estrema specializzazione per capire la validità di un'operazione immobiliare.

SEGRETO n. 3: il settore immobiliare non richiede alcun tipo di specializzazione culturale superiore, né una preparazione universitaria.

Quello immobiliare è l'unico settore in cui non è richiesta, appunto, una cultura di tipo superiore per potervi operare. Questo non significa che non siano indispensabili scienza e conoscenza (e dopo vedremo come e perché); tuttavia, per arricchirsi con gli immobili non è affatto necessario "aver studiato". E non esiste altro settore con questa caratteristica. Negli altri mercati (pietre preziose, opere d'arte, numismatica, filatelica ecc.) se non sei più che esperto e profondo conoscitore dei medesimi rischi facilmente di effettuare valutazioni sbagliate, procedendo ad acquisti fallimentari.

In quei mercati i prezzi li fanno gli operatori, secondo logiche molto difficili da conoscere, comprendere, e quindi da anticipare. Prendi il mercato dell'arte: come puoi prevedere quale artista sarà quotato e quale no? Non puoi: lo decidono i grandi operatori e intermediari. In quel settore, quindi, non puoi elaborare strategie, a meno che tu non faccia parte (insider) di quel mondo.

Nel mercato immobiliare la corretta valutazione di un prezzo scaturisce dalla quantità di operazioni effettuate, e il risultato economico (valutazione) si ottiene incrociandone domanda e offerta. Ecco perché puoi tirare fuori dei concreti parametri di riferimenti, come prezzi al metro quadro per zona, o valutazioni a corpo laddove non sia opportuno e possibile effettuare valutazioni con quel metodo (ma solo per le compravendite di immobili residenziali). Quindi nell'immobiliare, anche se non sei particolarmente "colto", hai modo di effettuare concretamente delle valutazioni pressoché veritiere. Conoscere bene il valore di un immobile consente di effettuare corrette valutazioni operative: questo è un vantaggio del settore, non da poco.

SEGRETO n. 4: opera sempre in mercati in cui le regole e le dinamiche siano chiare, controllabili, trasparenti e comprensibili. Evita mercati che non abbiano detti requisiti.

Quello che serve veramente per riuscire nel settore immobiliare è la capacità di scovare i buoni affari, di crearne laddove sembrano non esservi; di *vedere* quello che è potenzialmente sotto gli occhi di tutti, ma che nessuno *guarda*. Insomma nel settore immobiliare servono più doti e abilità che conoscenze (che, ripeto, non debbono comunque mancare per non trovarsi in situazioni che potrebbero costare molto care: l'ignoranza punisce sempre). Il bello è che suddette doti non sono figlie e frutto di particolari predisposizioni genetiche ma si possono tranquillamente acquisire da parte di chiunque. Con pazienza, impegno, dedizione, umiltà, costanza e perseveranza.

Quindi anche tu, se segui attentamente quanto ti illustrerò e farai tue quelle doti (necessarie) appena menzionate, potrai entrare nel mondo immobiliare che – ti assicuro – riserva delle soddisfazioni difficilmente possibili in altri settori.

SEGRETO n. 5: sviluppa le abilità che servono. Impara a guardare oltre che a vedere e ad ascoltare oltre che a sentire. Senza queste abilità hai perso in partenza.

Questo ebook ti insegnerà a capire e conoscere il mondo

immobiliare, a vedere quello che gli altri non vedono, a trovare le opportunità che ogni giorno sono sul mercato, a inventartene quando sembrano non esservi, a riconoscere la validità di una operazione, a determinare il prezzo di un immobile, a trattare con potenziali venditori, a spuntare prezzi a te convenienti, e altro ancora.

RIEPILOGO DEL GIORNO 1:

- SEGRETO n. 1: la causa dei problemi non è mai uno strumento, ma essa dipende sempre dal come si sceglie di utilizzarlo.
- SEGRETO n. 2: i beni immobiliari, non essendo agganciati a parametri convenzionali, subiscono molto meno le alterne vicende dei mercati. Sempre a certe condizioni.
- SEGRETO n. 3: il settore immobiliare non richiede alcun tipo di specializzazione culturale superiore, né una preparazione universitaria.
- SEGRETO n. 4: opera sempre in mercati in cui le regole e le dinamiche siano chiare, controllabili, trasparenti e comprensibili. Evita mercati che non abbiano detti requisiti.
- SEGRETO n. 5: sviluppa le abilità che servono. Impara a guardare oltre che a vedere e ad ascoltare oltre che a sentire. Senza queste abilità hai perso in partenza.

GIORNO 2:
Vantaggi e svantaggi dell'investimento immobiliare

Ogni investimento, come è facile intuire, ha dei *pro* e dei *contro*, ossia dei punti di vantaggio e di svantaggio rispetto ad altri. Non esiste l'investimento migliore in assoluto. Esiste quello che fa per te, che maggiormente si adatta alle tue esigenze.

SEGRETO n. 6: il miglior investimento è solo quello che si adatta maggiormente alle tue esigenze.

Ma anche a valutarlo dal punto di vista del solo rendimento, erroneamente si ritiene che l'investimento migliore sia quello che rende di più. *L'investimento ottimale è quello che presenta il miglior profilo (equilibrio) fra rischio e rendimento.* Mi spiego: se un dato investimento rende il 10% presentando un indice di rischio 8, e un altro investimento simile, rende il 6% ma con un indice di rischio 2; sicuramente quest'ultimo è da preferire.

L'indice di rischio rappresenta le possibilità che le cose non vadano come si spera. Quindi, più i valori degli indicatori di rischio sono elevati, più gli investimenti sono rischiosi.

Come vedi, il rendimento è solo un aspetto da valutare per poter considerare buono un investimento. Non è vero affatto, peraltro, che per guadagnare di più occorre necessariamente assumersi rischi maggiori. Ti assicuro che i ricchi sono diventati tali proprio perché impiegano i propri capitali assumendosi il minimo rischio, a cui associano il massimo rendimento possibile, in relazione all'investimento selezionato.

Solo le persone prive di istruzione finanziaria riportano, ad esempio, perdite ingenti tramite la sottoscrizione di fondi comuni, di obbligazioni fallimentari, di azioni e via dicendo: perché non conoscono le regole del gioco, e ciononostante si avventurano in settori loro ignoti. Questo si chiama *azzardo*, mentre chi gestisce il rischio (e la miglior arma per farlo è la conoscenza) *investe*, in quanto sa come minimizzarlo. Quando ero promotore finanziario le aziende per cui ho lavorato mi dicevano di diversificare gli investimenti dei clienti, per bilanciare il rischio, e suggerivano di comporre portafogli con strumenti finanziari dall'andamento inversamente proporzionale, per compensare ed equilibrare l'andamento dell'intero portafoglio. Solo che, così facendo, si riduce – e di molto – il rendimento.

Non a caso, grossi investitori come George Soros, Warren Buffet, e pochissimi altri, si sono arricchiti tramite la finanza con l'unica strategia possibile: non certo diversificando ma, al contrario, concentrando le proprie risorse investendo con aziende davvero interessanti, dal buon business e dalle ottime prospettive del settore/mercato di riferimento.

Naturalmente, occorre avere delle cognizioni per saperle valutare molto attentamente. Anzi, essendo il mercato azionario (e finanziario più in generale) nel complesso un mercato che non si può controllare direttamente, il vero rischio deriva dal fatto che, se non sei particolarmente preparato non puoi "controllarlo", quindi neppure gestire i tuoi investimenti. Se non sei estremamente preparato, veramente poco dipende da te. Per cui, già così è difficile prevedere per provvedere. Figurati se non si è preparati! Infatti, le persone poco preparate che, ad esempio, hanno acquistato bond argentini hanno guardato solamente il rendimento (delle cedole).

Non valutando gli indicatori di rischio (desumibili da vari fattori e parametri) si sono trovate nella situazione che tutti sappiamo: hanno perso integralmente i propri denari. In ogni settore bisogna tener presente che occorre valutare da *tutti i punti di vista* la bontà di un investimento. Questo consente di ridurre enormemente il rischio di spiacevoli situazioni. Il rischio, infatti, fa parte del gioco, e non è del tutto eliminabile.

Tuttavia, si può gestire. Nel mio libro *Migliora le tue finanze* ho illustrato come gestire il rischio finanziario. In questo Giorno spiegherò come valutare e gestire il rischio nell'immobiliare. Il settore immobiliare è decisamente meno volatile rispetto a quello finanziario, molto più controllabile e gestibile e, al tempo stesso, molto più lento nell'alternarsi dei cicli: pertanto le crisi durano molto più tempo. Ricordi il periodo di Tangentopoli? Per circa sette anni il mattone subì una crisi piena. Sette anni sono tanti. Conoscere le caratteristiche di qualsiasi investimento-settore-mercato di riferimento aiuta a gestire al meglio le proprie scelte operative, a prescindere dal fattore crisi. Anzi: consente di essere pronti a intervenire in periodi di crisi. Ricorda: *i migliori affari si fanno sempre nei momenti di crisi*! Ecco perché i ricchi, in periodi economicamente negativi, diventano ancora più ricchi, mentre chi ha agito senza scienza e conoscenza subisce le negatività dei cicli economici (che si susseguono allo stesso modo dalla notte dei tempi) rimanendo in balia delle onde.

SEGRETO n. 7: quando tutti vendono, in qualsiasi settore, è il momento di comprare; e quando tutti comprano è il momento di vendere. George Soros ha detto: «Solo i pesci morti seguono la corrente».

Ma torniamo alle caratteristiche peculiari degli immobili: sia a quelle positive, sia a quelle negative.

Pregi

L'immobile, essendo un bene reale, mantiene il proprio valore veramente adeguato all'inflazione e si rivaluta nel tempo, in quanto c'è sempre fame di alloggi. È un bene di cui nessuno può fare a meno (sia che venga acquistato o affittato) per ovvie intuibili ragioni. Quindi, non è un bene il cui consumo possa, per così dire, passare di moda o essere momentaneo e/o passeggero. Inoltre, lo spazio fisico del nostro Paese è piuttosto limitato, ed essendo già praticamente quasi esaurita la possibilità di ulteriore cementificazione (se non nelle estreme periferie delle città), questo fa sì, che mentre la domanda aumenta, l'offerta sia limitata.

Se fosse possibile (come accaduto negli USA o in Spagna) costruire molto di più, il bene immobile subirebbe significative oscillazioni di prezzi. E quando la domanda supera di gran lunga l'offerta sopraggiunge la crisi e il relativo crollo dei prezzi. Ma questo rischio nel nostro Paese non si corre. Ricapitolando i vantaggi: **valore adeguato realmente all'inflazione** e **rivalutazione nel tempo** dovuta al fatto che esso è un bene indispensabile, e che è quasi finito lo spazio per costruire. Inoltre, tale bene può fornire una **rendita** derivante dalla locazione. Quindi, all'incremento del capitale va aggiunta la rendita che produce interessi su quel capitale.

Difetti

Gli immobili hanno dei costi notevoli di mantenimento, e sono soggetti a importanti oneri fiscali e tributari: ICI e IRPEF. Come mantenimento si pagano gli oneri di ordinaria e straordinaria manutenzione. Solo la straordinaria, se dato in locazione. C'è anche la TARSU, e la tassazione sui canoni di locazione (se locato). Se poi sono previste spese straordinarie (come il rifacimento delle coperture del palazzo, delle facciate, dell'ascensore, della caldaia e quant'altro) si tratta di spese piuttosto rilevanti. Per farla breve: è un investimento piuttosto costoso.

Se il bene viene locato al fine di ottenere una rendita, la faccenda presenta notevoli rischi: qualora l'inquilino non fosse affidabile, si rischierebbe di non percepire per anni alcun canone e, al tempo stesso, di esser costretti a sostenere spese legali per lo sfratto. Quindi, oltre al mancato guadagno, vanno aggiunte anche ulteriori spese da sostenere per sbloccare la situazione e liberare l'immobile. Questi procedimenti durano anni.

Comparando i vantaggi con gli svantaggi, probabilmente sarai piuttosto confuso: entrambi sono piuttosto importanti. Come detto prima: *non esiste l'investimento migliore in assoluto, esiste quello che fa per te.* Chiariamo ora questo concetto. Se, ad esempio, desidero una **rendita** non è detto che l'investimento immobiliare sia la miglior soluzione: se si verificasse quanto descritto nel paragrafo *Difetti*, non solo non percepiresti alcunché, ma saresti costretto anche a spendere (per spese legali di sfratto, opere di manutenzione straordinaria ecc.) e se tu dovessi "campare" con quella rendita (mancata) sarebbero guai.

Per ottenere una rendita sicura sarebbe meglio, ad esempio, rivolgersi al settore finanziario. A parità di rendimento offerto (le locazioni immobiliari residenziali offrono un 5%) è sicuramente da preferire un buon portafoglio di titoli obbligazionari (Titoli di Stato italiani ed esteri, emissioni societarie o da parte di enti sovranazionali) magari acquistati *sotto la pari* (ossia: a un prezzo inferiore rispetto al valore nominale che avrai al momento del rimborso) che stacchino cedole semestrali del 5%. E ve ne sono di molto buoni, soprattutto oggi che si offrono dei rendimenti anche superiori al 5%.

In tal modo, otterresti una rendita di pari importo (5%) senza il rischio degli svantaggi illustrati per l'immobile, e otterresti ugualmente anche un incremento in conto capitale alla scadenza, proprio perché si è acquistato sotto la pari (anche se inferiore alla rivalutazione dell'immobile, la quale dipende però da *come* si è acquistato). Elimini così soprattutto gli eventuali problemi con gli inquilini, subisci una tassazione di molto inferiore, e non avrai mai spiacevoli sorprese come il sopraggiungere di spese straordinarie (rifacimento facciate, ascensore, caldaia, tetto ecc.).

In più, il settore finanziario presenta un ulteriore vantaggio non di poco conto: i soldi, se servono, sono liquidi e disponibili entro i tre giorni lavorativi. Mentre, se hai più o meno urgente necessità di ottenere denaro e puoi averlo solo liquidando l' immobile, sei costretto a praticare un forte sconto per realizzare immediatamente. E, se l'hai pagato a prezzo di mercato, subirai una perdita in conto capitale.

Quindi, come vedi, non è mai uno strumento a essere di per sé il migliore. È il come lo si *sceglie* (se è realmente appropriato per le personali esigenze) e il come lo si *utilizza* a renderlo buono o meno. Ma questo che cosa significa? Che l'immobile può non essere un buon investimento? Sì e no. Se non si considerano i limiti intrinseci al tipo di investimento e, soprattutto, se esso non risulta in linea con le proprie esigenze, certamente può non risultare alla fine un buon investimento. In caso contrario, invece, sicuramente sì.

Se poi, tenendo conto del primo punto, lo si riesce ad acquistare al di sotto del suo valore di mercato, allora esso diventa un investimento difficilmente battibile. Molti acquistano a prezzo pieno, di mercato, ritenendo di aver messo al sicuro i propri soldi. Ma non è così. Parte dell'aumento del valore degli immobili deriva dal fatto che, come detto in precedenza, il valore del denaro diminuisce da anni, per cui l'incremento del valore monetario dell'immobile va in parte a coprire la svalutazione della moneta. Prova ne è il fatto che, se vendi bene, prova a riacquistare! Subirai le stesse variazioni di prezzo al rialzo.

In questi casi, ossia di acquisto a prezzi di mercato, l'investimento altro non rappresenta se non un'*immobilizzazione del capitale*, la cui remunerazione è rappresentata dall'affitto (se tutto va bene).

E, dal momento che si tratta di immobilizzazione, se neppure ci fosse una remunerazione, non si potrebbe parlare di investimento. In questi casi, come illustrato, è certamente più conveniente impiegare la cifra in un portafoglio di tipo obbligazionario, che elimina qualsiasi tipo di rischio tipico dell'immobiliare, a parità di rendimento.

SEGRETO n. 8: solo a certe condizioni l'investimento immobiliare costituisce una vera opportunità. In caso contrario, rappresenta solamente una immobilizzazione del capitale.

RIEPILOGO DEL GIORNO 2:

- SEGRETO n. 6: il miglior investimento è solo quello che si adatta maggiormente alle tue esigenze.
- SEGRETO n. 7: quando tutti vendono, in qualsiasi settore, è il momento di comprare; e quando tutti comprano è il momento di vendere. George Soros ha detto: «Solo i pesci morti seguono la corrente».
- SEGRETO n. 8: solo a certe condizioni l'investimento immobiliare costituisce una vera opportunità. In caso contrario, rappresenta solamente una immobilizzazione del capitale.

GIORNO 3: Importanza della conoscenza del mercato e delle sue dinamiche

Nella vita, come è noto, tutto è ciclico. Si alternano momenti belli e momenti meno belli. Ci sono gli alti e i bassi. Nulla è statico e, per dirla con Albert Einstein (che riprese una celebre frase di Antoine Lavoisier): «Nulla si crea, nulla si distrugge. Tutto si trasforma». La vita è un *costante divenire* (Eraclito), e pertanto tutto ciò che scaturisce dall'uomo non può non subire alterne vicende.

Nell'economia, in generale, i cicli sono sempre piuttosto marcati: partendo da zero (come, ad esempio, nel dopoguerra) c'è la fase di **espansione** in cui inizia a crescere la domanda di beni e di servizi; di **maturazione**, ossia quella in cui la domanda si sviluppa e si consolida (comincia ad aumentare l'offerta a seguito della maggior richiesta); quella di **saturazione**, in cui domanda e offerta si compensano; di **contrazione**, quando, a seguito dell'eccessivo sviluppo, l'offerta supera la domanda (si abbassano i costi di produzione, dovuti appunto alla produzione su larga scala, per cui non è più remunerativo produrre *quel* bene, a meno che non si inventino nuove tipologie di beni, varianti delle precedenti o nuove tecniche di produzione, che ne riducano i costi).

Quando arriva l'ultima fase i prezzi iniziano a calare (altrimenti rimane l'invenduto), le scorte aumentano, e comincia la **crisi**: i produttori iniziano a licenziare per diminuire le voci di spesa, e per essere competitivi decentrano la produzione in luoghi dove le materie prime e la forza lavoro costano molto meno. A questo punto, come anticipato, le soluzioni sono sempre tre: o si trova il modo di abbassare terribilmente i costi (vedi i costi di telefonini, tv al plasma, computer), o si scoprono nuove tecniche e processi di produzione, o si cambia prodotto/servizio da immettere sul mercato.

Dall'anno scorso, ad esempio, la Sony ha deciso di interrompere definitivamente la produzione di televisori a tubo catodico, mentre la IBM, storica azienda di computer, ha ceduto a un paese orientale la licenza per produrre pc. Capisci che passaggi epocali? Grosso modo, questo schema di evoluzione (estremamente semplificato, ovviamente) riguarda qualsiasi settore produttivo/industriale, e per parte anche il mercato dei servizi.

Come avrai sentito, da circa un decennio va di moda l'outsourcing ossia il decentrare all'esterno parte o interi processi di produzione (di beni/servizi). Lo Stato stesso ha codificato in legge (la legge Biagi) questo sistema, definito "esternalizzazione": prendere "a noleggio" la forza lavoro o quant'altro, solo quando serve. In tal modo si riducono i costi.

Perché se pago quanto mi serve, solo nel momento in cui lo utilizzo, mi evito di dover assumere e/o tenere delle risorse umane che, se così non potessi fare, dovrei mantenere costantemente, a prescindere dall'andamento del settore di riferimento in cui opero. Questo è accaduto perché materie prime e forza lavoro sono cresciute enormemente in termini di costi.

E non è più né conveniente né opportuno caricarsi di elevati oneri economici in maniera costante, a fronte dell'incertezza riguardo le evoluzioni sulla produzione. Questo fenomeno accade sempre quando le società si evolvono: aumentano le tutele e i diritti, soprattutto dei lavoratori, e quindi i sindacati aumentano sempre più il proprio potere, fino a diventare delle vere e proprie entità politiche in grado di influenzare la politica stessa. Inoltre, essi hanno una caratteristica che la politica non ha: stabilità.

Allora succede che imprenditori e industriali, avendo di fronte poteri forti in grado di incidere notevolmente sulle contrattazioni collettive, decentrano la produzione in paesi meno sviluppati per abbassare i costi. Le monumentali opere lasciateci in eredità dall'uomo oggi, non sarebbero replicabili perché costerebbero troppo!

Non è un caso che oggi le economie emergenti, come quelle di Cina e India, possano aumentare il proprio PIL con cifre a due zeri: la forza lavoro è sottopagata, e anzi si sfrutta anche il lavoro minorile (pensa ai tappeti fatti in Pakistan, in Siria ecc.). Quei Paesi oggi emergenti, un domani, quando subiranno le naturali evoluzioni già vissute dai Paesi occidentali, si troveranno ad avere gli stessi problemi. È brutto dirlo, ma è così. Sicuramente è giusto che aumenti la tutela dei diritti del lavoratore, ma la verità è che quando aumentano vertiginosamente i costi (tutti) di produzione, non si è più competitivi. Quindi, e più di qualche volta, si è passati da un eccesso all'altro: prima i lavoratori erano totalmente privi di qualsiasi diritto, ma dopo la rivoluzione industriale, con l'avvento dei sindacati e la presa di coscienza da parte dei lavoratori stessi del fatto che essi meritano una vita migliore, la faccenda ha assunto valenza e peso politico spesso eccessivi.

Per carità, in parte ciò è giusto, in quanto i sindacati rappresentano esseri umani lavoratori, altrimenti sfruttati (come la Storia ha dimostrato) dai produttori; ma diventa sbagliato quando la loro eccessiva influenza arriva a determinare le politiche economiche, eccessivamente sbilanciate a loro favore.

In Italia abbiamo il più elevato numero di dipendenti statali, e le aziende pubbliche ed ex pubbliche sono cariche di personale a un livello ben superiore rispetto alle effettive necessità. Alitalia e le Poste ne sono la prova. O dei molti carrozzoni statali inutili che non servono a nulla. E le Province che non si riescono ad abolire? La politica costa perché abbiamo il più alto numero al mondo di parlamentari. Il Quirinale ha un numero di dipendenti molto maggiore rispetto a quello della Casa Bianca a Washington.

Come afferma un noto detto latino *la verità sta nel mezzo*. E la soluzione di riempire di personale oltre il necessario i vari settori, prima o poi, porta a situazioni di ingolfamento produttivo, e all'aumento eccessivo dei costi. E quando gli impieghi, di uomini e mezzi, non giustificano né supportano un certo tipo di utile, il "gioco" si interrompe. Quindi, o si inventano nuove forme e tipologie di lavoro, oppure nuovi processi e/o procedimenti innovativi che semplificano le varie attività, o inevitabilmente si finisce a dover licenziare. È quanto sta accadendo a livello mondiale.

Veniamo al nostro settore. A mio avviso, in Italia, non ci sarà crisi del settore. Spesso si sente dire che i prezzi degli immobili sono troppo alti, che stanno già calando e che il numero delle compravendite sta diminuendo. Che sta per scoppiare la "bolla" del mattone. Niente di vero! Sono anni che i mass media preconizzano la crisi del settore (l'ultima fu dovuta non al settore di per sé ma a Tangentopoli, che bloccò di fatto tutta l'Italia produttiva, senza distinzione di mercato e settore). Ma la crisi non c'è e non ci sarà per le seguenti ragioni ben precise: l'Italia ha uno spazio fisico limitato per cui non è possibile costruire più di tanto (cosa che invece è accaduto in Spagna e in America, per cui c'è più offerta che domanda: di qui la crisi).

Nelle grandi città si può costruire solo nelle periferie (il nuovo costa sempre di più, e non essendo più detraibile l'IVA da parte dei costruttori, essi l'hanno scaricata sugli acquirenti: ecco perché hanno una marea di invenduto). Finché poi una rata di mutuo corrisponderà più o meno a quella di un affitto (da quando hanno abolito l'equo canone) la gente preferirà sempre stipulare un mutuo: almeno dopo anni l'immobile diventa di proprietà, invece di pagare pigioni a fondo perduto.

Proprio a causa di questa crisi globale finanziaria e bancaria, la gente prediligerà il mattone a scapito dei servizi e prodotti finanziari. Soprattutto per quest'ultimo motivo i prezzi delle case, a mio avviso, riprenderanno a salire. Le case costano, ma almeno si è certi di riprendere i soldi (in caso di vendita) attualizzati davvero all'inflazione. Oltre il 70% degli Italiani è proprietario della casa in cui abita (fonte: Nomisma) e questa è una percentuale che non ha eguali al mondo. Quindi, per tutti questi motivi e, in fondo, anche perché il mattone fa parte della nostra cultura, questo è l'investimento prediletto.

Quello che può accadere, che sta accadendo, è ciò che capita a ogni mercato drogato: ossia a far sì che non si vendano più immobili il cui profilo qualità/prezzo non sia congruo. Le crisi servono appunto a ripulire i mercati degli eccessi. Vero è che le durate delle trattative si sono allungate, e che di conseguenza chi ha necessità di vendere è costretto a praticare uno sconto maggiore. Ma ciò dipende, appunto, dalla necessità personali, e non dalla validità dell'immobile, se questo è buono.

SEGRETO n. 9: crisi o non crisi se l'immobile che vendi ha un giusto equilibrio fra qualità e prezzo, si venderà sempre. Anche perché di immobili di qualità non ve ne sono molti sul mercato.

Ti assicuro che gli immobili "buoni" sotto tutti i punti di vista, e proposti al giusto prezzo, si vendono in un batter d'occhio. *Il segreto è nell'acquistare bene.* Perché gli affari, quelli veri, si fanno al momento dell'acquisto. Non a quello della vendita. Se compri così bene, tanto da poter vendere a prezzo leggermente inferiore rispetto ai valori di mercato, quanto pensi che ci metti a vendere? Pochissimo! Il problema è comprare bene. Come si fa? Dove si trovano immobili a sconto? Lo vedremo più avanti.

SEGRETO n. 10: se acquisti bene un immobile di qualità e lo rivendi a un prezzo leggermente inferiore al valore di mercato, lo vendi in un attimo. Ecco perché l'affare si fa quando si compra e non quando si vende.

Le pagine che hai appena letto sono le più importanti dell'intero ebook: se le si capisce a fondo, si capisce la particolare dinamica del settore in Italia. Perché il segreto nelle cose umane è capirne le ragioni, i fondamenti. Molti mi chiedono come mai non acquisto all'estero: ad esempio, in Romania, che è appena entrata nell'Europa, o negli Stati Uniti, dove c'è crisi profonda e dollaro basso, o a Dubai (la nuova Mecca per gli investimenti fra i Paesi arabi).

La risposta è semplice. Non nego che possano esservi buoni affari fuori zona, ma se non ne conosco i mercati e le relative dinamiche, non mi avventuro. Ogni investimento deve essere ben ponderato e le possibilità di errori (rischi) si riducono fortemente solo conoscendo le leggi, gli oneri tributari, le logiche e le dinamiche locali. Ad esempio, più di qualcuno ha investito a Dubai. Ma lo sai che gli Arabi ad Abu Dhabi stanno edificando una città ancora più fastosa, migliore e più "avanzata"? Chi va da quelle parti ci va per lo più per affari piuttosto che per vacanza, e se il centro vitale della zona dovesse, come è probabile, diventare Abu Dhabi, mi spieghi che ci fai col tuo acquisto a Dubai?

Negli USA. è vero che crisi economica e dollaro debole renderebbero appetibili investimenti in loco. Tuttavia l'eccessiva volatilità del dollaro e la profonda crisi americana, che durerà non poco perché ha radici lontane nel tempo, a mio avviso rendono piuttosto pericoloso investire nel mattone.

Lo suggerirei sicuramente a chi ha un patrimonio plurimilionario per diversificare. Ma non a chi ha patrimoni medio-piccoli. La Romania: in caso di controversie legali nelle compravendite, che fai? Vai presso il competente foro locale? Secondo quello che ho sentito da conoscenti, che ne hanno avuto esperienza diretta, non mi pare che in quella nazione ci sia una valida tutela giuridica in caso di problemi. È vero che in tempi di crisi si fanno gli affari migliori, ma per farli devi conoscere tutto, ma proprio tutto di quel settore, in quel posto, compresa la normativa di riferimento.

SEGRETO n. 11: non ti avventurare in mercati che non conosci. Studiane bene uno e opera in quello finché si rivela interessante.

In sintesi: finché qui c'è la possibilità di fare ottimi affari, su mercati che conosco bene, per quale motivo dovrei spostarmi altrove? Oggi sicuramente in Italia non ci sono più gli enormi margini di guadagno del passato: ossia, è molto difficile comprare a 100 e rivendere a 500. Se ti muovi bene puoi riportare una media fra il 30 e il 40% di utile per operazione. Se ne fai una alla volta e impiegando il capitale tuo. Ma questa "media" si può alzare di molto. In che modo?

Quello che conta è far girare velocemente il capitale. Il più velocemente possibile per far sì che vi sia, con lo stesso capitale, più ritorno. Se dispongo di 100.000 euro e faccio un'operazione che mi dura un anno e mi frutta 30.000 euro, il mio utile sarà il 30%. Ma se in un anno faccio due operazioni col medesimo capitale che mi fruttano 20.000 euro ciascuna, con lo stesso capitale ho realizzato un utile del 40%. O se ne faccio tre con un utile ciascuno del 15%, realizzo un 45% di plusvalenza. Sempre sui 100.000 euro di capitale iniziale. Capisci perché è importante la velocità di rotazione del capitale? Meglio guadagnare meno sul singolo affare, per avere presto il capitale disponibile e fare altre operazioni.

Il risultato è dato dalla somma degli utili di più operazioni, e scoprirai come sia più saggio applicare questo mio suggerimento. Ecco perché vendo a prezzi leggermente inferiori della media dei valori di mercato. Così sono sicuro di vendere subito per ricominciare.

SEGRETO n. 12: è fondamentale la velocità di rotazione del capitale per aumentare le proprie percentuali di guadagno oltre quanto consente il mercato sulle singole operazioni.

Molti invece si fossilizzano sui 10.000/20.000 euro che "perderebbero" di guadagno, e non calando il prezzo tengono letteralmente immobilizzati i relativi capitali per mesi! Anche io all'inizio ho fatto quest'errore. Ma poi ho capito. Di errori ne farai, è normale. Il punto è di non commetterne di grossolani, perché in questo settore gli errori costano cari. In realtà c'è anche un altro modo per aumentare moltissimo, fino anche al 1000% quel guadagno. Lo vedremo in seguito.

Per il resto, ricorda sempre che ogni errore sarà la tua ricchezza in termine di patrimonio d'esperienza. E che non sono mai i soldi ad essere la vera fonte di ricchezza, quanto piuttosto la tua esperienza. Come scrivo nel mio sito: «Gli ingredienti del successo sono: umiltà, impegno, apprendimento, dedizione, passione e costanza. Se riesci in un campo, riuscirai sempre, perché gli ingredienti e le regole del successo sono sempre quelle».

RIEPILOGO DEL GIORNO 3:

- SEGRETO n. 9: crisi o non crisi se l'immobile che vendi ha un giusto equilibrio fra qualità e prezzo, si venderà sempre. Anche perché di immobili di qualità non ve ne sono molti sul mercato.
- SEGRETO n. 10: se acquisti bene un immobile di qualità e lo rivendi a un prezzo leggermente inferiore al valore di mercato, lo vendi in un attimo. Ecco perché l'affare si fa quando si compra e non quando si vende.
- SEGRETO n. 11: non ti avventurare in mercati che non conosci. Studiane bene uno e opera in quello finché si rivela interessante.
- SEGRETO n. 12: è fondamentale la velocità di rotazione del capitale per aumentare le proprie percentuali di guadagno oltre quanto consente il mercato sulle singole operazioni.

GIORNO 4:
Caratteristiche che l'immobile deve avere per essere appetibile

Come in ogni tipo di investimento esiste l'investimento buono, quello meno buono, e quello cattivo. L'investimento buono, naturalmente, è quel che ci interessa. Prendiamo, ad esempio, gli immobili residenziali, che sono più facili da valutare. La bontà dell'investimento deriva da una serie di fattori:

- tipologia dell'immobile;
- ubicazione;
- contesto circostante;
- caratteristiche intrinseche ed estrinseche;
- presenza di balconi, terrazzi, posti auto;
- presenza di fattori anche esterni all'immobile.

Chiariamo subito un punto: *meno punti deboli ha un immobile, più sarà vendibile.* Ricorda cosa ho detto a proposito della crisi: non è che non si vendono case, ma non si vendono più (se non dietro forti sconti) quelle case che non hanno un giusto equilibrio qualità/prezzo. Pertanto: meno punti deboli avrà il tuo immobile, maggiore sarà la sua qualità, quindi appetibilità. Maggiori saranno i potenziali acquirenti interessati (proprio perché c'è poca qualità sul mercato) e minore sarà lo sconto che dovrai concedere (pro forma un minimo di sconto si concede sempre). Tieni presente che alcuni operatori agiscono così per dare l'illusione all'acquirente di aver negoziato, e maggiorano il prezzo di quel minimo in modo tale che, una volta effettuato lo sconto, si riporti la trattativa al prezzo reale.

SEGRETO n. 13: quando acquisti, comportati come se dovessi andare ad abitare nell'immobile. Così rileverai e valuterai gli eventuali punti deboli, perché ti saranno poi evidenziati tutti e integralmente quando dovrai rivendere.

Io, ad esempio, non tratto immobili ubicati su piani terra, rialzati e primi piani (se non a certe condizioni), che non abbiano almeno doppia esposizione, che non abbiano balconi o terrazzi, o che abbiano affacci solo – o in prevalenza – interni a chiostrine, che siano su strade eccessivamente trafficate, o situati sopra esercizi commerciali all'ingrosso, o adiacenti a centri di raccolta di qualsiasi tipo, di natura sociale, commerciale, o quant'altro.

In realtà, non è che li escludo dalle mie trattative a priori, ma li considero solo se, per questi motivi, il prezzo è talmente basso da renderne conveniente l'acquisto. Il motivo per cui, in generale, non li considero deriva dal fatto che si deve sempre tenere a mente una cosa: ogni punto debole che l'immobile presenta verrà usato sempre e sistematicamente "contro" di te, per abbassare il prezzo quando lo rivenderai. Tu, se dovessi cercare casa per abitarci, in qualità di acquirente faresti la stessa identica cosa.

Perché le persone, nelle case che visitano, ci si proiettano dentro mentalmente. Ed è normale, se si cerca casa per andare a viverci. Ecco perché quando valuti un immobile su cui potresti esser interessato, più che da investitore, ti devi comportare (verso te stesso) come acquirente, ossia come se dovessi acquistarlo tu per andarci a vivere. Questo perché l'ottica è completamente differente dai due punti di vista.

Se in un immobile ci devi andare a vivere, sarai attento a molti più particolari di quelli che noteresti in caso di acquisto per rivendita. E se tu fai per primo il "pignolo"con te stesso allora vedrai che sceglierai bene, perché selezionerai immobili con il minor numero di difetti possibile, ed eviterai così che la presenza di taluni punti deboli possa ritorcersi contro di te quando venderai. Naturalmente, ci vuole una certa elasticità.

Prima di tutto perché non tutti considerano le stesse cose come difetti (alcuni sono oggettivi, altri soggettivi); secondo poi perché un immobile con qualche difetto, proprio per questo suo limite può essere acquistato piuttosto bene, soprattutto se, per *quel* difetto, è da tempo in vendita e, magari, il venditore ha bisogno di liquidare presto. Fondamentale oggi è offrire posto auto coperto o scoperto, box, o comunque possibilità di parcheggio.

SEGRETO n. 14: più accessori ha l'immobile, meglio è. Spesso, la differenza la fanno proprio gli accessori. Il valore, di un immobile diventa certo se, ad esempio, esso è dotato di cantina e/o posto auto.

A meno che non si tratti di immobile ubicato nei pressi di centri storici. La gente, infatti, guarda queste cose, perché se non può parcheggiare deve tener conto della spesa di un garage; e così per il discorso cantina. Altro aspetto importante riguarda la condizione interna ed esterna dell'immobile. Per quella interna suggerisco sempre di dare una ripulita all'immobile (mano di vernice), di non far trovare le lampadine appese ai fili (si trovano da Ikea dei bellissimi lampadari, piantane e quant'altro a pochissimi euro) e magari di mettere un caldo parquet (sempre acquistato a poco prezzo da Ikea) sul pavimento. L'immagine è tutto nella percezione dell'acquirente. La prima impressione di una casa è identica alla prima impressione che hai quando conosci qualcuno/a che ti piace: o l'impatto è positivo, o è negativo. E se è negativo, non c'è nulla da fare.

SEGRETO n. 15: l'immagine è tutto, perché favorisce il primo impatto positivo. E quest'ultimo non lo cambi, se negativo: quindi dai sempre una ripulita all'immobile, che devi far trovare tinteggiato, ordinato e in condizioni dignitose.

Io sconsiglio di ristrutturare per un semplice fatto: dovresti caricare i costi di ristrutturazione sull'acquirente, il quale sicuramente ci rimetterà le mani sopra (spendendo altri soldi) in quanto i gusti, e soprattutto la distribuzione interna degli ambienti, sono elementi squisitamente soggettivi. Una semplice "romanella" (ossia: *ripulita*) è quel che serve, per far apparire l'immobile pulito, in ordine e in condizioni dignitose, ed esaltarne i punti di forza. E lo si fa con cifre che variano dai 6000 ai 10.000 euro. *Ma quelle cifre ti torneranno indietro raddoppiate.* Una casa che dà l'idea di dover subire una pesante ristrutturazione può costringere il venditore a concedere uno sconto di decine di migliaia di euro.

Una casa che invece si presenta pulita, ordinata, quasi vivibile, non solo non corre quel rischio ma, anzi, giustifica anche un prezzo pieno. Tu sai che hai speso 5/7000 euro. Solo tu. Non chi compra. La gente vuole tutto pronto, e t'assicuro che gran parte degli immobili in vendita sono in condizioni mediocri. *Per cui un immobile ripulito salta subito all'occhio.* Per guadagnare al massimo, devi spendere qualcosa.

La casa è come l'amore, ricordalo sempre. L'acquirente non la valuta razionalmente (questo lo farà sicuramente in seguito, quando deve ristrutturarla), ma emotivamente, in quanto ci si "proietta" dentro. E tu, quel sogno, devi renderglielo il più caldo e accogliente possibile. Se t'innamori di un immobile e il venditore non concede sconti, non lo compreresti lo stesso? In amore si cede sempre! L'immagine è tutto, ricordalo! Una casa può essere bellissima, ma se l'acquirente a pelle non ci si sente a proprio agio dentro, non la comprerà mai. Viceversa, se da subito la sente sua, è fatta. Se la sente sua, è disposto ad acquistare, anche se non concedi sconti.

Altra cosa da tener presente è la condizione dell'immobile all'esterno e delle parti comuni. Debbono essere dignitose, curate, ben presentabili. Nessuno comprerà mai una bella casa in un brutto condominio. Importante è anche la vicinanza a mezzi di collegamento e centri di socializzazione come scuole, esercizi commerciali, uffici pubblici ecc. Da valutare anche è la tipologia di condomini che risiede nel palazzo.

Io l'anno scorso avevo acquistato un bellissimo immobile in un complesso residenziale con piscina e campi da tennis, di circa 135 mq. Aveva un salone spettacolare con quattro porte-finestre che davano su un grande terrazzo, una camera da letto affacciava sui campi da tennis, e l'altra sulla piscina. Era un terzo piano di palazzina con quattro piani, in un'area piena di verde, ma ho saputo solo dopo averlo acquistato che nel complesso c'erano due ragazzi che entravano e uscivano sistematicamente di galera.

Per fortuna l'ho venduto (bene) a un condomino che già abitava lì, quindi pienamente cosciente della situazione, il quale aveva tuttavia bisogno di ingrandirsi, desiderando rimanere in quel complesso. Dal mio agente immobiliare ho saputo che i potenziali clienti esterni al complesso, dopo averlo visitato e trovato molto bello, quando venivano a conoscenza di questo fatto rinunciavano. Ho saputo che, a oggi, in quel complesso vi sono circa sei immobili in vendita, e proprio per quel motivo. Poteva essere un brutto problema per me! Quindi, come vedi, c'è sempre qualcosa che sfugge al proprio controllo e conoscenza e che può riportare conseguenze poco piacevoli.

Quella volta mi è andata bene. Come detto, il rischio di qualche errore fa sempre parte del gioco. Proprio per questo, se il rischio non è mai del tutto ineliminabile, più informazioni si acquisiscono meglio si gestisce il rischio, minimizzandolo. Il rischio, non è da evitare: è da gestire. Una cosa che ho imparato è anche che la gente non ama affatto se la zona, o l'immobile stesso, è frequentata da stranieri o da persone volgari e/o di basso profilo. È brutto dirlo, ma è così. Sono tutti fattori di cui devi tener conto.

Sconsiglio le periferie estreme (anche se da certi punti di vista sono appetibili) perché c'è il rischio che vi vengano concesse nuove licenze di costruzione (cosa che si può fare, ovviamente, solo nelle periferie) il che provocherebbe l'aumento dell'offerta di alloggi, influendo sui prezzi. Roma, per esempio, da un decennio è tutta un cantiere nelle periferie, e stanno spuntando quartieri interi come funghi. Lì non ho mai acquistato. *Un immobile in una zona in cui non si può più costruire manterrà sempre il proprio valore.*

SEGRETO n. 16: verifica sempre se, dove intendi acquistare, siano previste nuove concessioni edilizie. Se così fosse, sarebbe un problema, perché ci sarebbe troppa offerta e la commerciabilità del tuo immobile ne risentirebbe.

Anche se nelle periferie, notoriamente più dense dal punto di vista popolare, c'è molto mercato, soprattutto perché esse, essendo inferiori di prezzo rispetto a zone più centrali, sono diventate maggiormente appetibili. Tieni inoltre presente che solitamente sono collegate al centro in maniera migliore rispetto ad altri quartieri meno periferici, e questo ne determina un mantenimento e aumento del valore nel tempo. *Collegamenti e servizi sono elementi fondamentali da valutare.* Anche qui dunque, come in ogni tipo di investimento, va valutato caso per caso. Non si esclude nulla a priori. A certe condizioni, tutto può essere un buon affare. A certe condizioni.

Un errore da evitare è quello di prediligere zone e/o immobili che rispondono ai nostri gusti, escludendo quelli degli altri. Non è bello quel che è bello, ma è bello ciò che piace. Per cui, se acquisti per te, scegli secondo i tuoi gusti, ma se acquisti per rivendere devi scegliere secondo logiche commerciali. Le quali spesso non coincidono con ciò che piace! Ma se tu devi rivendere, devi acquistare là dove "tira" maggiormente.

SEGRETO n. 17: non scegliere zone che rispondono solo e

sempre al tuo gusto; scegli zone altamente commerciali, anche se non ti piacciono. Non è bello quel che è bello, ma quel che piace. E tu compri per rivendere, non per abitare.

Poi dipende da te il target di clienti che desideri. Se vuoi qualcosa di estremamente commerciale, selezionerai zone a elevata densità popolare, o quartieri accessibili alla maggior parte delle persone. Se desideri immobili di un certo livello, selezionerai zone più di qualità. È vero che ti precludi l'interesse di certe fasce sociali, ma è anche vero che ti riservi le migliori, ossia quelle con ottime capacità economiche.

Io tratto entrambe le tipologie, con particolare attenzione alla seconda. Non faccio tantissime operazioni, preferisco farne poche ma buone. Le quali non sono molte. A te suggerirei di iniziare con le prime: i costi sono minori, la richiesta è elevata, e limiterai i danni qualora dovessi fare (e lo farai) qualche errore di valutazione.

Comincia con piccoli immobili: mono e bilocali sono maggiormente commerciali, perché molte più persone possono spendere cifre attorno ai 200.000 euro (e sono più facili da ottenere come mutuo) rispetto a quelle che possono impiegare cifre maggiori. Anche perché questo tipo di immobili risulta interessante anche alla fascia di quei clienti che desiderano investire al fine di ottenere una rendita e non solo a chi come, ad esempio, giovani coppie o single, desidera abitarvi.

SEGRETO n. 18: comincia in piccolo, perché l'investimento è più gestibile e facilmente liquidabile. Man mano che la tua esperienza aumenterà passerai a situazioni più impegnative e/o complesse.

Sconsiglio di iniziare con altre tipologie di immobili (negozi, uffici, locali commerciali, terreni ecc.) perché sono essi appartengono a mercati diversi che occorre conoscere bene prima di operarvi. I prezzi e le valutazioni rispondono a differenti logiche, più complesse, e, soprattutto, si tratta di immobili destinati a singole fasce di potenziali acquirenti, il che restringerebbe la tua possibilità di offerta. Gli immobili residenziali sono di più facile valutazione e conoscenza, e destinati a un maggior numero di persone.

Quando avrai maggior esperienza potrai rivolgere il tuo interesse anche a quelli. Ti suggerisco anche di iniziare nel posto che meglio conoscerai: il tuo quartiere. Ricorda che, soprattutto all'inizio, è la mancata conoscenza che può far compiere errori. Quindi comincia laddove conosci e hai maggiori possibilità di verificare dinamiche dei prezzi, evoluzioni di mercato, e tipologia di persone, di richiesta e quant'altro.

Quando acquisti, ossia prima di procedere, chiedi sempre l'ammontare delle spese condominiali e di riscaldamento, e chiedi se sono previste o già deliberate eventuali spese di natura straordinaria (manutenzione). In questo secondo caso potresti trovarti costretto a sborsare migliaia di euro (se lo sai prima, le scalerai dal prezzo d'acquisto) mentre nel primo caso, se le spese fossero elevate, potrebbero rappresentare un problema. Ipotizza che fossero di 150/200 euro al mese, e che il tuo immobile non abbia posto auto. Chi compra si fa due calcoli: garage più condomino e riscaldamento: circa 400 euro al mese.

Questo tipo di imprevisto è un problema e scoraggia molti potenziali acquirenti. A meno che non si tratti di immobili pregiati destinati a fasce economiche elevate. Quindi verifica attentamente. Altra cosa da farsi certificare è che il venditore sia in regola con gli oneri condominiali (non sai quante case vanno all'asta perché i proprietari non pagano il condominio), e l'unica persona che può fornirti detta certificazione è l'amministratore di condominio. Se non lo fai rischi di dover pagare bei soldini. Verifica anche che l'immobile sia libero da qualsiasi tipo di gravame e soprattutto che il venditore non abbia problemi con l'esattoria: lo Stato è sempre creditore privilegiato.

SEGRETO n. 19: comincia nel tuo quartiere o in uno che conosci bene, verifica che non vi siano gravami sull'immobile e fatti rilasciare dichiarazione dall'amministratore del condominio riguardo la regolarità dell'assolvimento degli oneri condominiali da parte di chi ti vende.

Al momento del compromesso, cerca di rilasciare sempre la minor somma possibile. E, fino al giorno prima del rogito, verifica che, ad esempio, non risultino iscrizioni ipotecarie, pignoramenti o quant'altro. Non basta la verifica del notaio, ma serve anche quella di un legale che, il giorno prima del rogito, verifichi che a nome del venditore non vi sia alcun procedimento. Capisci perché è importante conoscere le leggi in materia, oltre che le dinamiche dei mercati? Gli errori nel campo immobiliare possono costare cari. Altra cosa che puoi fare è migliorare la distribuzione interna dell'immobile, laddove sia possibile.

Mi spiego. Se acquisti un immobile di 80 mq così composto da: soggiorno, ampio salone, camera, cucina, bagno, ripostiglio, e lo trasformi in un appartamento composto da: soggiorno, salone (riduci l'*ampio*) camera, cameretta (ricavata riducendo il salone da doppio a singolo) e due bagni (elimini il ripostiglio) lo spazio è distribuito molto meglio e più razionalmente.

A parità di metratura, hai ricavato una camera e un bagno in più. *Le case oggi si vendono più per numero di locali che per metri quadri.* Un conto è un bilocale, un conto è un trilocale, sempre a parità di metratura. Quest'ultimo vale di più. Tirare su due mura in più, t'assicuro, costa poco.

Molti immobili non sono razionali, né hanno spazi interni sfruttati al massimo e al meglio. Non si tratta di ristrutturare, ma di migliorare la distribuzione interna, aumentando così il valore dell'immobile. Mentre la ristrutturazione è solo un fatto soggettivo. Ho visto case di 60 mq ottimamente organizzate per famiglie di quattro persone. E ho visto case di 80 mq, la cui disposizione interna era adatta per due, massimo tre persone.

La razionalità e l'efficienza sono elementi fondamentali per l'appetibilità dell'immobile. Ne migliorano la qualità, e questo fatto tornerà anche a vantaggio dell'acquirente un domani che decidesse di diventare venditore. Ecco perché a quel punto non discuterà sul prezzo che gli imponi.

SEGRETO n. 20: razionalizzando la distribuzione interna offrirai un immobile di ottima qualità, e potrai aumentare il prezzo. Un conto è avere due locali in 60 mq, altro conto è averne tre.

Perché il cliente sa che il suo acquisto è di valore e si rivaluterà nel tempo. Ricorda che gli affari si fanno sempre in due. Mai da soli. Se si è convinti di acquistare un bene di valore, non si fanno storie sul prezzo. Ci si prova, ma se non cedi, data la qualità intrinseca del bene, t'assicuro che l'immobile lo vendi lo stesso. Non è molto diffusa la qualità, credimi. E la qualità ha sempre il suo prezzo. Non è che la gente non sia disposta a spendere: non lo è se non c'è equilibrio fra prezzo e qualità. Ecco perché la crisi non ti toccherà mai, se agisci secondo questi parametri.

Quindi, ricapitolando: non solo l'immobile deve avere il minor numero possibile di punti deboli, ma va anche razionalizzato e ottimizzato al meglio nei suoi spazi e nella distribuzione degli ambienti interni. A quel punto, offri un prodotto di elevata qualità, e l'acquirente sa che un domani che vorrà rivendere, tutto questo sarà anche a suo vantaggio, proprio come lo è per te oggi che vendi. Ricorda che si tratta di decine e centinaia di migliaia di euro. Motivo per cui la gente è attenta a tante cose, giustamente.

Quando compri, verifica anche la tipologia e l'entità **dell'offerta in zona**. Se c'è molta offerta o invenduto cerca di scoprire il perché. Ricorda che se, in un dato quartiere, zona, o via ci sono venti appartamenti in vendita è un conto. Se ve ne sono quattro è diverso. La quantità di offerta in una data zona fa sì che il compratore possa scegliere e tirare sul prezzo. Io non tratto le estreme periferie proprio per questo motivo.

Roma, ad esempio, è tutta un cantiere da dieci anni, e quindi l'offerta è davvero elevata. È vero che dove c'è offerta c'è anche domanda, ma se la prima supera la seconda, questo, inevitabilmente si riflette sulle tue potenzialità.

SEGRETO n. 21: verifica sempre la tipologia e la quantità di offerta di immobili simili al tuo in zona. Se è ampia, questo fatto si ripercuoterà sul prezzo di vendita perché l'acquirente sa che ha possibilità di scelta.

Un'altra cosa da verificare attentamente è la corrispondenza fra planimetria catastale e stato di fatto, ossia situazione reale. Questo perché se, ad esempio, il precedente proprietario ha effettuato dei lavori modificando la distribuzione interna e non ha presentato la DIA (ossia la Dichiarazione Inizio Attività), a cui deve seguire la comunicazione di fine lavori, toccherà a te farla. E ciò perché non sei più in regola catastalmente, ossia hai un bene difforme da quanto appare nella "carta di identità" degli immobili.

Ma a quel punto pagherai delle multe, in quanto trattasi di DIA in sanatoria. Perché chi doveva (precedente proprietario) non ha adempiuto a quanto prescrive la legge. E per riportare le cose nella perfetta legalità e regolarità, chiunque sia il proprietario dell'immobile deve provvedere. Ma perché mai è importante la corrispondenza fra stato dei luoghi e documenti catastali?

Non tanto perché chi acquista può pretendere (giustamente) che le carte siano a posto, altrimenti si dovrebbe accollare l'onere di procedere (anche se si tratta di pochi soldi: nell'ordine di un migliaio di euro all'incirca). C'è un'altra ragione ben più importante: molti acquistano in tutto o in parte tramite mutuo. E se i documenti non sono a posto, non viene loro erogato il mutuo. E tu perdi il potenziale cliente.

SEGRETO n. 22: è necessario che vi sia corrispondenza fra reale stato di fatto e documentazione catastale. Se così non è, le banche non concedono mutui e tu ti precludi un'enorme fetta di acquirenti potenziali. In tal caso, dovrai provvedere tu a sistemare catastalmente le cose.

Se tu acquisti come abitazione tua personale per andarci a vivere, questa procedura può non essere importante, ma se acquisti per rivendere, assolutamente sì. Ancora: è fondamentale che le civili abitazioni di tipo residenziali siano accatastate come A. Molti hanno acquistato immobili accatastati differentemente (C) perché costavano di meno, e attrezzandoli come residenziali hanno pensato di aver fatto un affare. Sciocchezza: si paga in base alla categoria catastale, anche se dentro casa fai le pareti d'oro.

Ecco nella tabella a seguire la classifica delle categorie catastali.

categoria	**descrizione**
A/1 (R/1)	abitazione signorile
A/2 (R/1)	abitazione civile
A/3 (R/1)	abitazione economica
A/4 (R/1)	abitazione popolare
A/5 (R/1)	abitazione ultrapopolare

A/6 (R/3)	abitazione rurale
A/7 (R/2)	abitazioni in villini
A/8 (R/2)	abitazioni in ville
A/9 (P/5)	castelli e palazzi di eminente pregio artistico o storico
A/10 (T/7)	uffici e studi privati
A/11 (R/3)	abitazioni tipiche dei luoghi

B/1 (P/1)	collegi, convitti educandati, ricoveri, orfanotrofi, ospizi. conventi, seminari e caserme
B/2 (P/2)	case di cura e ospedali
B/3 (P/3)	prigioni e riformatori
B/4 (P/4)	uffici pubblici
B/5 (P/4)	scuole e laboratori scientifici

B/6 (P/5)	biblioteche, musei, gallerie, accademie, circoli ricreativi e culturali senza fine di lucro che non hanno sede in edifici della categoria A/9
B/7 (V/4)	cappelle e oratori non destinati all'esercizio pubblico dei culti
B/8 (T/2)	magazzini sotterranei per depositi di derrate
C/1 (T/1)	negozi e botteghe
C/2 (T/2)	magazzini e locali deposito (cantine e soffitte con rendite autonome)
C/3 (T/2)	laboratori per arti e mestieri
C/4 (T/3)	fabbricati e locali per esercizi sportivi senza fine di lucro
C/5 (V/2)	stabilimenti balneari e di acque curative senza fine di lucro
C/6 (R/4)	box o posti auto pertinenziali
C/6 (T/5)	autosilos, autorimesse (non pertinenziali), parcheggi a raso aperti al pubblico

C/6 (T/6)	stalle, scuderie e simili
C/7 (T/2)	tettoie chiuse o aperte
D/1 (Z/1)	opifici
D/2 (Z/4)	alberghi, pensioni e residences
D/3 (Z/5)	teatri, cinematografi, sale per concerti e spettacoli e simili (arene, parchi-giochi)
D/4 (V/5)	case di cura e ospedali con fine di lucro
D/5 (Z/3)	istituti di credito, cambio e assicurazione
D/6 (V/6)	fabbricati, locali e aree attrezzate per esercizi sportivi con fine di lucro
D/7 (Z/1)	fabbricati costruiti o adattati per le speciali esigenze di un'attività industriale e non suscettibili di destinazione diversa senza radicali trasformazioni

D/8 (Z/2)	fabbricati costruiti o adattati per le speciali esigenze di un'attività commerciale e non suscettibili di destinazione diversa senza radicali trasformazioni
D/9 (Z/8)	edifici galleggianti o assicurati a punti fissi del suolo e ponti privati soggetti a pedaggio
D/10 (Z/2)	fabbricati per funzioni produttive connesse alle attività agricole
D/11 (T/7)	scuole e laboratori scientifici privati
D/12 (Z/8)	posti barca in porti turistici e stabilimenti balneari

E/1	stazioni per servizi di trasporto
E/2	ponti comunali a pedaggio
E/3	fabbricati per esigenze pubbliche
E/4	recinti chiusi per esigenze pubbliche
E/5	fortificazioni
E/6	fari, semafori, torri per orologio

E/7	fabbricati per esercizio di culti
E/8	cimiteri
E/9	edifici particolari non compresi nelle categorie precedenti

Oltretutto, la verifica della regolarità rispetto ai documenti ufficiali serve anche per un'altra cosa: verificare che tutti i metri quadri della casa appartengano alla categoria catastale per cui acquisti.

Mi spiego con un esempio: le villette. Quando vedi gli annunci relativi a questo tipo di immobile vi leggi: «Tre piani, 200 mq ecc.» Spesso la verità è che: il seminterrato, che chiamano *taverna*, o dove si prevede la cucina, non è accatastato come abitativo (perché così al costruttore costa meno) ma come garage, magazzino o simile (quindi di minor valore al metro quadro);. Per l'ultimo piano, ossia la mansarda, vale lo stesso discorso.

Chi costruisce spesso pensa o pretende di vendere tutto come abitativo, facendosi quindi pagare come se tutto l'immobile appartenesse alla classificazione catastale più costosa, ma la verità è che l'immobile è classificato come abitativo (ossia quei metri quadri per cui è rilasciata la licenza di abitabilità, che a sua volta – per essere rilasciata – richiede requisiti ben precisi) solo in parte.

Tu pagheresti i metri quadri di un magazzino o di un garage (seminterrato) come quelli di una casa vera e propria? Considerando inoltre che i metri quadri appartenenti realmente alla categoria abitativa, ossia la più pregiata economicamente parlando, sono di molto inferiori? Ma ti vendono tutto l'immobile come villa, villetta!

Anche sulle case i costruttori fanno la stessa cosa: ti fanno dei locali in più (non certo accatastati come A) o grandi terrazzi, e ti fanno credere che ti danno una "dritta", indicandoti gli abusi che puoi farvi. E poi ti inducono a credere che stai facendo un affare, perché paghi un prezzo relativo a una certa metratura mentre puoi ricavare molto più spazio vivibile. In questo modo, ritengono di giustificare agli occhi del cliente il prezzo esorbitante che chiedono per metro quadro. Non lasciarti mai ingannare! Tu devi pagare sempre il prezzo per la relativa classificazione catastale connessa alla metratura dichiarata tale. Il resto, sono tutte chiacchiere. O meglio: sono solo affari tuoi quello che ritieni (se ritieni) di fare dopo. A te che inizi questa attività debbono interessarti al momento gli immobili che sono accatastati da A1 ad A8. Non perché gli altri non siano interessanti, ma in quanto per gli altri ci vuole maggiore esperienza.

Come vedi, sono molti gli aspetti di cui tenere conto quando si procede all'acquisto. Un consiglio: fatti supportare da professionisti legali esperti. Un **notaio** di cui ti fidi è fondamentale, e un **avvocato** che ti possa verificare in tribunale eventuali gravami a carico del venditore, che potrebbero ricadere su di te.

Importante è anche la figura di un **geometra** che verifichi le corrispondenze fra stato di fatto e documenti catastali, o che tu possa utilizzare per sanatorie o pratiche varie. Infine, dovrai disporre di una **piccola squadra edile** che ti ripulisca gli immobili. Naturalmente, non devi assumere nessuno. Ma deve essere fidata perché ti dovrà coadiuvare nella tua attività. Infine, dovrai collaborare anche con un **agente immobiliare**, perché il tuo compito non è vendere, ma trovare le opportunità. La vendita di un immobile richiede tempo, pazienza e disponibilità. Tutte energie che sottrarresti alla tua vera attività: scovare affari. Ognuno deve fare il proprio mestiere, e non pensare di fare da solo per risparmiare: questo sarebbe un errore. Il denaro non può comprarti il tempo, quindi il tempo è più prezioso del denaro. In realtà, il tuo **team** dovrà essere più vasto e articolato, ma questo lo vedremo dopo, nel Giorno 7, intitolato *Come e dove trovare opportunità immobiliari*.

Quando parlo di **team** non intendo dire che tutte queste persone devono lavorare esclusivamente per te, o essere alle tue dipendenze: ognuno ha la propria vita professionale e il proprio lavoro. Ma siccome tu, se decidi di effettuare più operazioni l'anno, dai da lavorare a più persone, vedrai che esse saranno ben liete di collaborare, quando serve, con te.

SEGRETO n. 23: una squadra su cui contare è essenziale. Non puoi avere tutte le competenze necessarie. Scegli bene chi ti coadiuva. Col denaro non puoi comprare il tempo: il tempo è più prezioso del denaro. E il tempo ti serve per trovare

opportunità.

Io non ho neanche un dipendente, né desidero averne. Ma ho una squadra eccellente: il mio agente immobiliare è come se fosse il mio socio per la sintonia che abbiamo creato; il mio geometra è diventato un amico; i miei due notai sono molto disponibili, e la mia squadra edile è svelta, concreta e lavora ottimamente. Spetta a te scegliere le persone giuste. Di professionisti validi ce ne sono molti in giro, ma di validi professionisti "svegli" direi proprio di no.

A te serviranno professionisti bravi e svegli, se decidi di effettuare più operazioni in via continuativa. Tenendo sempre a mente la distinzione di ruoli e compiti: a te spetta trovare affari, agli altri, nell'ambito delle rispettive competenze, spetta di fare in modo che gli affari "filino lisci". Naturalmente i professionisti vanno pagati, ma se sono bravi la loro parcella ti costerà infinitamente meno rispetto a quanto dovresti pagare per errori che potresti fare senza il loro intervento.

Come recita un detto: «Se il sapere costa, figurati l'ignoranza!»

Poi è ovvio che, quando collaboreranno con te più o meno stabilmente, i prezzi che pagherai non saranno quelli del singolo intervento, ed essi saranno ben lieti di venirti incontro economicamente a fronte del lavoro stabile che puoi loro garantire.

RIEPILOGO DEL GIORNO 4:

- SEGRETO n. 13: quando acquisti, comportati come se dovessi andare ad abitare nell'immobile. Così rileverai e valuterai gli eventuali punti deboli, perché ti saranno poi evidenziati tutti e integralmente quando dovrai rivendere.
- SEGRETO n. 14: più accessori ha l'immobile, meglio è. Spesso, la differenza la fanno proprio gli accessori. Il valore, di un immobile diventa certo se, ad esempio, esso è dotato di cantina e/o posto auto.
- SEGRETO n. 15: l'immagine è tutto, perché favorisce il primo impatto positivo. E quest'ultimo non lo cambi, se negativo: quindi dai sempre una ripulita all'immobile, che devi far trovare tinteggiato, ordinato e in condizioni dignitose.
- SEGRETO n. 16: verifica sempre se, dove intendi acquistare, siano previste nuove concessioni edilizie. Se così fosse, sarebbe un problema, perché ci sarebbe troppa offerta e la commerciabilità del tuo immobile ne risentirebbe.
- SEGRETO n. 17: non scegliere zone che rispondono solo e sempre al tuo gusto; scegli zone altamente commerciali, anche se non ti piacciono. Non è bello quel che è bello, ma quel che piace. E tu compri per rivendere, non per abitare.

- SEGRETO n. 18: comincia in piccolo, perché l'investimento è più gestibile e facilmente liquidabile. Man mano che la tua esperienza aumenterà passerai a situazioni più impegnative e/o complesse.
- SEGRETO n. 19: comincia nel tuo quartiere o in uno che conosci bene, verifica che non vi siano gravami sull'immobile e fatti rilasciare dichiarazione dall'amministratore del condominio riguardo la regolarità dell'assolvimento degli oneri condominiali da parte di chi ti vende.
- SEGRETO n. 20: razionalizzando la distribuzione interna offrirai un immobile di ottima qualità, e potrai aumentare il prezzo. Un conto è avere due locali in 60 mq, altro conto è averne tre.
- SEGRETO n. 21: verifica sempre la tipologia e la quantità di offerta di immobili simili al tuo in zona. Se è ampia, questo fatto si ripercuoterà sul prezzo di vendita perché l'acquirente sa che ha possibilità di scelta.
- SEGRETO n. 22: è necessario che vi sia corrispondenza fra reale stato di fatto e documentazione catastale. Se così non è, le banche non concedono mutui e tu ti precludi un'enorme fetta di acquirenti potenziali. In tal caso, dovrai provvedere tu

a sistemare catastalmente le cose.

- SEGRETO n. 23: una squadra su cui contare è essenziale. Non puoi avere tutte le competenze necessarie. Scegli bene chi ti coadiuva. Col denaro non puoi comprare il tempo: il tempo è più prezioso del denaro. E il tempo ti serve per trovare opportunità.

GIORNO 5:
Come e perché partecipare alle aste giudiziarie

Le esecuzioni immobiliari, ossia le aste giudiziarie, offrono l'opportunità di acquistare a sconto degli immobili. Per capire come mai, occorre spiegare cosa sono le aste e come funzionano. Le aste giuridicamente rappresentano alcune delle fasi conclusive di procedure giudiziarie, avviate solitamente da uno o più creditori, volte all'esproprio coatto di un bene (esecuzioni forzate) per recuperare delle somme erogate al debitore che si è mostrato insolvente.

Per lo più sono gli istituti di credito ad avviare simili procedure, in quanto hanno erogato dei mutui a persone che si sono rivelate non più in grado di onorarli. Come creditori ci sono anche condomini, studi professionali, finanziarie e chiunque vanti un debito (c'è una graduatoria fra gli aventi diritto, stabilita dal Codice Civile, a seconda del titolo in possesso del creditore) verso il debitore diventato "esecutato" (ossia soggetto di una esecuzione forzata dopo che qualsiasi possibilità di accordo è divenuta impraticabile) che non ha adempiuto all'obbligazione di restituzione del denaro ottenuto.

Per legge, quindi, c'è una sorta di precisa gerarchia fra i vari creditori, i quali saranno privilegiati a seconda del titolo esecutivo che posseggono: i creditori ipotecari di primo grado e lo Stato sono creditori privilegiati, mentre gli altri (ad esempio i chirografari) lo sono meno, e rientrano in possesso di quanto loro spettante solo dopo che siano stati soddisfatti i creditori principali, ossia quelli muniti di titolo privilegiato nel senso lato del termine, sempre se rimane qualcosa da distribuire. Le garanzie si dividono in *reali* (esempio: ipoteca di primo grado) e *personali* (esempio: fideiussione).

Le banche non possono procedere (per legge) direttamente allo spossessamento del bene dell'esecutato e alla vendita del medesimo perché ciò configurerebbe una specie di conflitto d'interessi: per cui se, ad esempio, la casa dell'esecutato vale 400 e il debito con la banca è di 250, la banca potrebbe svendere l'immobile pur di rientrare in possesso di quanto le spetta.

Creando quindi un danno all'esecutato che perderebbe così il valore residuo, laddove ci possa essere. Mentre il giudice, che è terzo imparziale, dà incarico a un CTU (ossia: consulente tecnico d'ufficio) di valutare e periziare il bene secondo i valori di mercato, per poi assumere quel valore come base d'asta. Tramite il procedimento giudiziario dalla vendita del bene, soddisfatti tutti i creditori nell'ordine previsto dalla legge e pagate le spese giudiziarie, quello che avanza viene restituito al debitore.

Se il procedimento fosse effettuato dai creditori, dubito che, visto il conflitto d'interessi, questi tenterebbero di vendere al meglio l'immobile. Quindi al debitore, che già si vede espropriato del bene, si creerebbe un ulteriore danno economico. Proprio per evitare questo, la legge prevede che per il recupero dei propri debiti si debbano adire le vie giudiziarie, e che della vicenda debba occuparsene un giudice imparziale.

Non mi addentrerò eccessivamente nel tecnico delle procedure, ma ti illustrerò in generale come parte una procedura, e come si svolge, per arrivare all'epilogo della medesima. Se desideri approfondire questi argomenti ci sono degli appositi testi tecnicogiuridici. In questa sede ciò che importa è che tu sappia di cosa si tratta, di come funzioni la cosa.

Normalmente quando un debitore inizia a non pagare più le rate, ad esempio del mutuo, viene contattato dalla banca per trovare una soluzione di comune accordo. La banca, fino all'ultimo, preferisce trovare l'accordo proprio per evitare procedure che durano anni, in cui quasi mai recupera quello che ha erogato. Quando e laddove questo non sia possibile concordarlo, la banca avvia le necessarie procedure per l'esecuzione forzata, e il primo atto concreto (non giuridico) consiste nel **pignoramento**, ossia lo spossessamento formale del bene sancito e disposto dal giudice. Questo è possibile in quanto la banca, contestualmente alla concessione del mutuo, ha iscritto ipoteca sull'immobile che, come saprai, è un diritto reale di garanzia. I diritti reali di godimento (esempio: la fideiussione) seguono la persona; quelli reali di garanzia seguono il bene su cui è stato apposto il vincolo.

A quel punto il giudice, valutata la situazione del debitore nel suo esatto ammontare ed esposizione, incarica un perito d'ufficio (CTU) di stimare il bene oggetto della procedura. Effettuata e depositata la perizia, il giudice pone il bene all'asta, al prezzo base (base d'asta) indicato dal CTU. E qui viene il bello: come mai alle aste è possibile aggiudicarsi immobili (non sempre e non tutti) con forti sconti rispetto ai valori di mercato?

Perché, come è noto, in Italia le procedure giuridiche sono molto lente: durano molti anni se non decenni. Quindi se pignoramento e perizia sono fra i primi atti concreti oltre che formali della procedura esecutiva, l'assegnazione del bene tramite lo svolgimento dell'asta rappresenta una parte della conclusione della procedura (perché tramite il prezzo d'acquisto si realizzano le cifra da assegnare ai vari creditori, cosa che avverrà successivamente con l'udienza per l'approvazione del piano di riparto): *accade tuttavia che l'asta si tenga sistematicamente molti anni dopo il pignoramento e l'elaborazione della perizia.*

Spesso accade che a un'asta a cui partecipo oggi corrisponde una perizia effettuata sette anni fa. E la perizia farà riferimento ai valori di allora. Pensa che ci sono, relativamente ad aste attualmente in corso, perizie effettuate in lire! Molte procedure sono iniziate negli anni '90 o nei primi anni del 2000. Da questa "disfunzione" nascono le opportunità: le perizie che determinano il valore dell'immobile fanno riferimento ai parametri di mercato relativi al momento in cui sono state fatte.

SEGRETO n. 24: dalle disfunzioni di un sistema spesso nascono le opportunità: a causa di quelle del sistema giudiziario è possibile acquisire a sconto immobili stimati e periziati molti anni addietro.

Ecco perché è possibile acquistare a prezzi molto diversi da quelli odierni di mercato. Ma non è più come una volta! Da quando l'accesso alle aste è stato aperto a tutti mediante la diffusione (pubblicità) anche su internet, non è più possibile, ad esempio, comprare a 100 e rivendere a 500. Oggi, diciamo che se sei in grado di trovare buoni affari e di aggiudicarteli, l'utile medio per operazione si aggira attorno al 30%. Che su qualche centinaia di migliaia di euro non è poco. Ma si può migliorare. Come?

Se, come ti ho detto nel precedente Giorno, fai girare velocemente il tuo capitale, puoi aumentare quell'utile, facendo più operazioni nel minor tempo possibile con lo stesso capitale, magari maggiorato degli utili delle singole operazioni. Vedrai che la somma degli utili su base annua è maggiore di quel 30% che otterresti con una singola operazione.

Un conto è che fai un affare in un anno, con 100.000 euro. Un conto è se ne fai due-tre, sempre col medesimo capitale. Il segreto è proprio lì. Poi se sfrutti la leva finanziaria puoi aumentare a dismisura quelle percentuali. Ma questo lo vediamo dopo. Dove è possibile visionare gli avvisi delle aste per vedere se c'è qualcosa che m'interessa?

Premetto una cosa: questo testo non illustrerà nel dettaglio, dal punto di vista giuridico, l'intero iter e svolgimento procedurale delle esecuzioni. Ossia: non spiegherò giuridicamente come e su quali presupposti nasce, si evolve e si conclude un'esecuzione immobiliare. Questo per due ragioni.

La prima è che vi sono già testi tecnici alquanto precisi in materia (pertanto, se includessi in questa sede tutte queste informazioni, il mio ebook dovrebbe contenere almeno 600 pagine!). La seconda è che a mio avviso, prima di addentrarsi in un'approfondita conoscenza, occorre valutare se questo tipo di attività risulti interessante e percorribile da parte di chi legge. Troppe informazioni disorientano e fanno apparire la cosa più complessa di quanto realmente non sia.

Le informazioni vanno digerite, elaborate, e la conoscenza deve seguire di pari passo l'esperienza. Ecco perché ritengo inutile sommergerti di tutte le informazioni relative al settore. In questa sede è bene che si abbiano le principali informazioni che consentano di valutare se questo tipo di attività possa essere interessante, percorribile.

Ciò non toglie che, se la risposta fosse affermativa, è **necessario** addentrarsi nella conoscenza approfondita della materia (suggerisco sia il libro del mio collega e conoscente Igino di Pietra edito dal mio stesso editore, la Bruno Editore: *Investire in aste immobiliari*; sia il libro *Le aste immobiliari* di Andrea Ferraiuolo, edito da Maggioli Editore), in quanto, come già detto, ogni errore nell'immobiliare costa piuttosto caro, e ci si può trovare in situazioni piuttosto negative se non si agisce con le dovute cautele del caso. La possibilità di ridurre rischi di qualsiasi natura, e non mi stancherò mai di ripeterlo, deriva esclusivamente dalla conoscenza più approfondita possibile del settore in cui si opera. E questo vale per tutti gli investimenti.

Pertanto, in questa sede mi limiterò a riportare l'aspetto pratico delle esecuzioni (con, necessariamente, un minimo di informazioni giuridiche). Chi volesse approfondire può tranquillamente contattarmi tramite il mio sito: erogo singole consulenze in materia e/o corsi appositamente pensati per chi desidera effettuare operazioni immobiliari, o per chi, come me, desidera fare di questa attività una vera e propria professione. Tutte le informazioni le trovi sul mio sito.

Il sito più diffuso in questo campo è: www.astegiudiziarie.it. Ebbene, in questo sito, appare una schermata principale in cui tu devi selezionare (settore "Vendite Immobiliari"): tipologia di immobile che cerchi (perché ve ne sono di tutti i tipi, non solo residenziali), la fascia di prezzo che desideri, la Provincia e il Comune in cui vuoi operare, e il CAP della zona che ti interessa. A quel punto dai il via alla ricerca e il sistema ti tira fuori tutto quello che c'è al momento, relativamente ai parametri da te impostati. Ossia, ti dà le principali notizie in maniera sintetica riguardo le procedure di ciò che gli hai chiesto. Tu dai un'occhiata veloce e dove vedi qualcosa che suscita il tuo interesse, clicchi su: "Scheda Dettagliata". E lì ti si apre il documento in cui c'è tutto il necessario da sapere su quanto hai selezionato.

C'è il numero di procedura esecutiva (corrispondente al relativo fascicolo depositato in tribunale), il nome del giudice, quello del creditore, tutti i dati catastali identificativi dell'immobile, data dell'asta, termine per il deposito dell'offerta, le modalità per effettuarla e il luogo, sia in cui depositarla, sia in cui si terrà l'asta, oltre che l'importo a base d'asta e il rilancio minimo da effettuare.

Ma i documenti più importanti da vedere sono riportati nel riquadro "Consulta gli Allegati Ufficiali Disponibili". Lì abbiamo i documenti ufficiali dell'immobile: **ordinanza**, **avviso**, **perizia**, **planimetria** e **foto** (quando ci sono). L'**ordinanza** è l'atto con cui il giudice stabilisce la vendita; l'**avviso** ne indica le modalità; la **perizia** illustra sia la storia "giuridica" della procedura esecutiva, sia le verifiche catastali effettuate dal perito, sia i criteri che l'hanno portato a stabilire quel prezzo come base d'asta, sia la descrizione dell'immobile. **Planimetria** e **foto** non richiedono spiegazioni. Fondamentale è la perizia. Soffermiamoci sul documento in questione.

La perizia è quel documento elaborato da un tecnico, incaricato dal magistrato, necessario per fornire alcune informazioni essenziali. Sia per il magistrato stesso, sia per il partecipante. È così importante che in caso di perizie erronee l'aggiudicatario può richiedere indietro il prezzo, tutto o in parte, di aggiudicazione pagato. Questo perché essendo la perizia un documento ufficiale, ciascuno di noi, giudice compreso, effettua le valutazioni del caso proprio sulla base di quel documento. Solitamente contiene sempre le stesse domande (che il giudice rivolge al perito) e sono le seguenti.

Quesito 1

Verificare, prima di ogni altra attività, la completezza della documentazione di cui all'art. 567, 20 comma Codice di Procedura Civile (estratto del catasto e certificati delle iscrizioni e trascrizioni relative all'immobile pignorato effettuate nei venti anni anteriori alla trascrizione del pignoramento, oppure certificato notarile attestante le risultanze delle visure catastali e dei registri immobiliari) segnalando immediatamente al giudice e al creditore pignorante quelli mancanti o inidonei; predisporre, sulla base dei documenti in atti, l'elenco delle iscrizioni e delle trascrizioni pregiudizievoli (ipoteche, pignoramenti, sequestri, domande giudiziali, sentenze dichiarative di fallimento); acquisire, ove non depositati, le mappe censuarie che egli ritenga indispensabili per la corretta identificazione del bene e i certificati di destinazione urbanistica (solo per i terreni) di cui all'articolo 30 del D.P.R 6 giugno 2001, n. 380, dando prova, in caso di mancato rilascio di detta documentazione da parte dell'Amministrazione competente, della relativa richiesta; acquisire l'atto di provenienza ultraventennale (ove non risultante dalla documentazione in atti).

Quesito 2

Descrivere, previo necessario accesso, l'immobile pignorato, indicando dettagliatamente: Comune, località, via, numero civico, scala, piano, interno, caratteristiche interne ed esterne, superficie (calpestabile) in metri quadri, confini e dati catastali attuali, eventuali pertinenze, accessori e millesimi di parti comuni (lavatoi, soffitte comuni, locali di sgombero, portineria, riscaldamento ecc.).

Quesito 3

Accertare la conformità tra la descrizione attuale del bene (indirizzo, numero civico, piano, interno, dati catastali e confini) e quella contenuta nel pignoramento evidenziando, in caso di rilevata difformità: a) se i dati indicati in pignoramento non hanno mai identificato l'immobile e non consentono la sua univoca identificazione; b) se i dati indicati in pignoramento sono erronei ma consentono l'individuazione del bene; c) se i dati indicati nel pignoramento, pur non corrispondendo a quelli attuali, hanno in precedenza individuato l'immobile rappresentando, in questo caso, la storia catastale del compendio pignorato.

Quesito 4

Procedere, ove necessario, a eseguire le necessarie variazioni per l'aggiornamento del catasto provvedendo, in caso di difformità o mancanza di idonea planimetria del bene, alla sua correzione o redazione e all'accatastamento delle unità immobiliari non regolarmente accatastate.

Quesito 5

Indicare l'utilizzazione prevista dallo strumento urbanistico comunale.

Quesito 6

Indicare la conformità o meno della costruzione alle autorizzazioni o concessioni amministrative e l'esistenza o meno di dichiarazione di agibilità. In caso di costruzione realizzata o modificata in violazione della normativa urbanistico-edilizia, l'esperto dovrà descrivere dettagliatamente la tipologia degli abusi riscontrati e dire se l'illecito sia stato sanato o sia sanabile in base combinato disposto dagli artt. 46, comma 50, del D.P.R. 6 giugno 2001, n. 380 e 40, comma 60 della legge 28 febbraio 1985, n. 47.

Quesito 7

Dire se è possibile vendere i beni pignorati in uno o più lotti; provvedendo, in quest'ultimo caso, alla loro formazione procedendo inoltre (solo previa autorizzazione del giudice dell'esecuzione) all'identificazione dei nuovi confini e alla redazione del frazionamento; l'esperto dovrà allegare, in questo caso, alla relazione estimativa i tipi debitamente approvati dall'Ufficio Tecnico Erariale.

Quesito 8

Dire se l'immobile è pignorato solo pro quota, se esso sia divisibile in natura, procedendo, in questo caso, alla formazione dei singoli lotti (e, ove necessario, all'identificazione dei nuovi confini, nonché alla redazione del frazionamento allegando alla relazione estimativa i tipi debitamente approvati dall'Ufficio Tecnico Erariale) indicando il valore di ciascuno di essi e tenendo conto delle quote dei singoli comproprietari e prevedendo gli eventuali conguagli in denaro; l'esperto dovrà procedere, in caso contrario, alla stima dell'intero, esprimendo compiutamente il giudizio di indivisibilità eventualmente anche alla luce di quanto disposto dall'art. 577 Codice Procedura Civile e dall'art. 846 Codice Civile. e dalla legge 3 giugno 1940, n. 1078.

Quesito 9

Accertare se l'immobile è libero o occupato; acquisire il titolo legittimante il possesso o la detenzione del bene evidenziando se esso ha data certa anteriore alla trascrizione del pignoramento; verificare se risultano registrati presso l'ufficio del registro degli atti privati contratti di locazione e/o se risultino comunicazioni alla locale autorità di pubblica sicurezza ai sensi dell'art.12 del DL. 21 marzo 1978, n. 59. convertito in legge 18 maggio 1978, n. 191; qualora risultino contratti di locazione. (Fonte: Disposizione del Tribunale di Roma).

Tieni presente che proprio perché l'immobile soggetto alle procedure di esecuzioni è stato ampiamente "verificato" dal giudice nella sua "storia" anche catastale e giuridica, è l'acquisto più sicuro che si possa fare: non a caso, quando vendi un immobile preso all'asta il notaio, non chiede mai "l'atto di provenienza dell'immobile", che solitamente si chiede nelle compravendite fra privati. Gli è sufficiente solo l'atto con cui il magistrato ti ha assegnato l'immobile: il **decreto di trasferimento dell'immobile subastato**.

Come puoi intuire, con dette domande, il giudice viene e porta a conoscenza tutta la storia dell'immobile: dal punto di vista tecnico, giuridico, e relativamente a tutte le vicende che hanno coinvolto i proprietari. Partendo dall'anno della costruzione, alle licenze concesse al costruttore, e via dicendo.

Tutte queste informazioni illustrano e forniscono tutto quanto risulta necessario conoscere al fine di pervenire a una corretta valutazione. Ma non basta, perché spesso e volentieri le perizie sono incomplete, erronee o fuorvianti (non sempre, naturalmente). Ecco perché occorre vagliare tutte le informazioni sempre al meglio e nel dettaglio. Laddove esse non fossero completamente esaustive o complete, occorre *andare in tribunale e vedere il relativo fascicolo* (il numero di procedura, sulla schermata del sito che ti ho indicato, è scritto sempre sopra il nome del giudice).

Oppure, se non si capisce se l'immobile è stato soggetto ad abusi (perché spesso gli occupanti si rifiutano di fornire documenti e informazioni al perito, e non sempre si tratta degli esecutati), occorre andare all'USCE (Ufficio Speciale Condono Edilizio) per prendere atto della situazione. Anche se, e qui è uno dei vantaggi delle aste, quasi tutti gli abusi, a differenza delle compravendite fra privati, sono sanabili ai sensi della legge 47/85 purché rispettino certi dettami previsti. In pratica, per favorire le procedure, la possibilità di condono è quasi sempre aperta, eccezion fatta per abusi insanabili e per quanto esplicitamente previsto per gli immobili presi all'asta, purché venga presentata domanda di concessione in sanatoria entro 120 giorni dalla emissione del decreto di aggiudicazione, a pena di decadenza dalla possibilità.

Spesso il debitore esecutato non consente al perito di entrare nell'immobile per svolgere il suo lavoro. Per cui non è possibile avere informazioni sullo stato interno del medesimo (ma per ciò che mi riguarda ciò non è rilevante; non pagando più il mutuo, già so che non sarà ben tenuto. Io, comunque, gli do sempre una ripulita prima di rimetterlo sul mercato). Ma, soprattutto, spesso non è possibile sapere chi abita l'immobile, se è proprietario o affittuario.

Questo punto merita particolare attenzione. Nel caso l'immobile oggetto di procedura sia locato occorre distinguere: se il contratto di locazione è stato registrato antecedentemente al pignoramento è opponibile al terzo acquirente (ossia: non puoi mandare via l'inquilino se ti aggiudichi l'immobile, se non a scadenza del contratto); se invece è successivo al pignoramento, lo puoi considerare giuridicamente libero. Ossia: l'inquilino non ha un valido titolo per rimanere, in quanto il contratto è successivo al pignoramento e non ha alcuna validità giuridica.

In questo secondo caso non devi iniziare una causa per sfratto, in quanto già il decreto di trasferimento (che è l'atto con cui il giudice trasferisce l'immobile all'aggiudicatario) contiene l'intimazione del giudice a chiunque si trovi nell'immobile senza titolo di rilasciarlo immediatamente. Per cui, con questo documento si incarica l'ufficiale giudiziario di procedere, e se ancora l'occupante rifiuta di andarsene si va alle forze dell'ordine e si concorda il rilascio della forza pubblica per liberare l'immobile. Bada bene che la forza pubblica non può non adempiere, perché non sei tu a richiederlo, ma il giudice a ordinarlo.

Diciamo che se s'incontra un occupante "testardo", in media, prima del rilascio della forza pubblica, sono necessari circa quattro accessi da parte dell'ufficiale giudiziario (che avvengono a distanza di un mese ciascuno). In questi casi, l'immobile si libera in circa sei-otto mesi. Diciamo che se riesci a trovare un accordo (anche economico) questo è sempre da preferire al fine di ottenere il rilascio dell'immobile il prima possibile.

Comunque, è fondamentale verificare (se il perito non è stato in condizione di verificarlo in quanto non gli è stato consentito l'accesso, né esibito alcun titolo in merito) a che titolo è occupato l'immobile. Un conto è acquistare un immobile che si considera libero, per rivenderlo subito dopo. Altro conto è acquistarlo occupato, credendolo libero. Pensa che dramma se, magari, per l'operazione di compravendita, la banca ti ha prestato i soldi: se poi vieni a conoscenza che l'immobile è occupato da un inquilino il cui contratto scade fra anni (a cui dopo ne seguiranno altrettanti per la causa di sfratto), come fai a restituire i soldi alla banca? Nessuno te lo comprerà mai al prezzo pieno di mercato se è occupato.

In tal caso, dovrai recarti presso l'apposito ufficio all'Agenzia delle Entrate e verificare che a nome dell'esecutato proprietario non sussistano contratti intestati, a nessun titolo. Per carità: ci sono anche procedure esecutive aventi a oggetto nude proprietà, usufrutti e case occupate in quanto assegnate al coniuge in qualità di casa coniugale.

Ma un conto è acquistare sapendo bene come stanno le cose, un conto è credere di acquistare una cosa, per poi scoprire di averne acquistata un'altra. Soprattutto perché, in casi come questi, i prezzi di aggiudicazione sono molto inferiori ai valori di mercato, proprio perché vi sono dei vincoli temporali che ne impediscono il godimento immediato.

Io, ad esempio, prima dell'estate ho preso a un'asta una casa con dentro una signora che ha diritto di rimanervi (assegnazione casa coniugale a seguito di sentenza di divorzio) almeno finché la figlia non sia autosufficiente. La figlia ha quasi venti anni, e prevedo di lasciar immobilizzato quel capitale per circa quattro-cinque anni.

Il gioco ne vale la candela, perché proprio per questo fatto ho pagato 160.000 euro (a Roma, con quella cifra ci compri poco più di un box auto in una zona buona) un immobile di quasi 80 mq a Montesacro (quartiere semiperiferico di Roma), che libero ne vale il doppio (oggi, perché quando si libererà varrà ancora di più). Oppure posso rivenderlo anche occupato, maggiorandolo di 40.000 euro. Io guadagnerei subito, e chi acquista ha in pancia un'ulteriore plusvalenza di circa 100.000 euro, che avrà disponibile al momento della liberazione dell'immobile. Quindi, anche in ipotesi di immobili occupati a vario titolo, puoi fare affari.

Ma devi essere consapevole di ciò che fai, e del fatto che in casi come questo, per anni, probabilmente, non potrai disporre del bene. Io compio anche operazioni di lungo termine, come acquisto di nude proprietà (che vedremo successivamente) a condizioni naturalmente estremamente vantaggiose in termini di prezzo. Se invece acquisti a prezzo pieno un immobile, credendolo libero, mentre è occupato in base a un titolo opponibile da parte di chi ci sta dentro, allora hai commesso un grosso errore. Che ti terrà bloccato il capitale per anni in maniera infruttifera (perché lo hai pagato a prezzo pieno) e se poi il capitale non è tuo, allora sono guai seri.

Quindi, quando le perizie non sono complete o esaustive, dovrai reperire presso gli appositi uffici, tribunale compreso, i dati che ti mancano per avere il quadro completo al fine di effettuare una corretta valutazione circa l'opportunità di procedere e partecipare. Oggi è possibile (dopo l'ultima riforma del settore) visionare l'immobile prenotandosi online, in quanto dal 2006 è stata prevista la figura del custode giudiziario, responsabile del corretto svolgimento della procedura.

Ripeto, per ciò che mi riguarda, se ho sul sito la piantina e la perizia, non m'interessa visionare l'immobile: comprando per rivendere, per me è importante valutare quanto vale quello "spazio" (metri quadri di casa) in una data ubicazione. Tanto già so che l'occupante, non pagando da anni il mutuo poiché sa che prima o poi perderà l'immobile, certamente non lo "mantiene". E la cosa non m'interessa in quanto comunque io procedo a una ripulitura più o meno accurata dell'immobile. Tuttavia, approfondisco **sempre** tutte quelle situazioni che non risultano chiare. Perché la conoscenza esatta dello stato delle cose consente di decidere per il meglio. Non tralasciare mai di approfondire quanto non appare chiaro.

SEGRETO n. 25: controlla e verifica sempre tutti gli aspetti giuridici che emergono dalla procedura e se qualcosa non è chiaro, completo ed esaustivo, effettua le verifiche di persona presso gli appositi uffici.

Questi sono i documenti da esaminare nel dettaglio laddove siano completi. E sai cosa fare quando non lo sono. Ricorda: maggiori informazioni portano sempre a migliori valutazioni. Ogni informazione che tralasci può rappresentare un rischio enorme. Tieni presente che ti accingi a spendere centinaia di migliaia di euro, motivo per cui ritengo opportuno ridurre il più possibile rischi d'errore.

E t'assicuro che ho visto più di qualche persona "piangere" presso il tribunale per errori commessi. Le aste possono tenersi o nei tribunali, o presso dei notai delegati dai giudici. In entrambi i casi, la legge, prevede che le modalità di espletamento delle procedure esecutive siano di due tipi: **con incanto** e **senza incanto**.

Nel primo caso lo schema di domanda è quello di "richiesta di partecipazione", senza indicazione di quanto s'intende offrirc. Questo perché, partendo dalla base dell'asta prevista dal magistrato, i rilanci verranno effettuati a voce in sede. Levando questo aspetto, le due procedure sono identiche. Ecco lo schema della domanda per partecipare a una procedura con incanto:

GIUDICE DELL'ESECUZIONE DOTT/SSA ...
procedimento R.G.E. n° lotto n°
data udienza

Il sottoscritto dott. **Manuel Frinconi**, nato a Roma il … ed ivi residente in Via … Roma, cell. …, c.f. …,

nella sua qualità di Amministratore Unico della …

chiede
di partecipare alla vendita all'incanto nel procedimento esecutivo n. …
che si espleterà in data … alle ore …

dichiara
che non intende ricorrere a finanziamento bancario,
di aver preso visione della relazione di stima,

che verserà, in caso di aggiudicazione il saldo prezzo entro i termini previsti nell' ordinanza di vendita.

A tal fine, deposita e allega alla presente istanza:
assegn... circolar.. per cauzione n. …
della banca Popolare di … intestat… a:…, pari a euro …

assegn … circolar … in conto spese n. …
della banca Popolare di ... intestat… a pari a euro …

allega
certificato camerale della società;
fotocopia del documento personale di riconoscimento.

Mentre invece lo schema di partecipazione a un'asta senza incanto è il seguente:

TRIBUNALE DI ROMA
IV SEZIONE CIVILE
OFFERTA DI ACQUISTO

PROCEDURA ESECUTIVA N.R.G.E.I./
GIUDICE DELL'ESECUZIONE: DOTT. …
LOTTO N. UDIENZA DEL …/… */2009*

Il sottoscritto *Manuel Frinconi*
nato a Roma (RM) il ..., residente in Roma (RM), via ...,
tel: ...; cell:...
codice fiscale: ...
nella qualità di
Amministratore Unico
della società **... SRL**

con sede legale in
Roma (RM)
Via/Piazza: ...
codice fiscale/partita iva: ...

O F F R E
la somma di € ...
(€ .../*00*)

per l'acquisto del seguente immobile: *sito in Roma,*

❑ Dichiara che in caso di aggiudicazione provvederà al versamento del saldo prezzo e di quanto necessario a titolo di spese entro il termine massimo del 2009;
❑ Dichiara che, per il pagamento del saldo prezzo e di quanto necessario

all'assolvimento degli oneri fiscali conseguenti alla registrazione, trascrizione e voltura del decreto di trasferimento, intende fare ricorso ad un contratto bancario di finanziamento;
di cui allega le offerte;
Dichiara di aver preso visione della relazione di stima;
Roma,

………….. s.r.l.
L'amministratore unico

ALLEGA

- ☐ fotocopia del proprio documento di identità;
- ☐ assegno circolare non trasferibile intestato a "Tribunale Ordinario di Roma, Settore Esecuzioni Immobiliari " per l'importo di € pari al 10 per cento del prezzo offerto;
- ☐ originale del Certificato Camerale con allegata prova del conferimento dei poteri di rappresentanza della società;

ATTENZIONE: il presente modulo deve essere inserito unitamente agli allegati in una busta chiusa all'esterno della quale deve essere indicato, esclusivamente, il Nome del Giudice dell'esecuzione e la data fissata per la vendita senza incanto.

ISTRUZIONI PER LA COMPILAZIONE DELL'OFFERTA

D'ACQUISTO

- Indicare il numero di ruolo della procedura esecutiva.
- Indicare il numero o la lettera con cui è indicato nell'ordinanza di vendita il lotto per cui si intende proporre l'offerta d'acquisto. Lasciare in bianco se si tratta di unico lotto.
- Indicare la data dell'udienza in cui si terrà la vendita.
- Indicare il COGNOME e il NOME dell'offerente.
- Indicare a che titolo si formula offerta in nome per conto della Persona giuridica (ad esempio: amministratore unico, amministratore delegato, procuratore speciale ecc.).
- Indicare la denominazione e la ragione sociale delle società.
- Indicare il Comune e l'indirizzo ove la società ha la propria sede legale.
- Riportare sinteticamente la descrizione dell'immobile (possibilmente con l'indicazione dei dati catastali).
- Indicare la data entro la quale ci si obbliga, in caso di aggiudicazione, a versare il saldo del prezzo e l'importo necessario alle spese di registrazione, trascrizione e voltura del decreto di trasferimento. **ATTENZIONE**: tale termine non potrà comunque essere superiore a 60 giorni dalla data fissata per la vendita.
- Barrare la casella se si ha intenzione di ricorre da un contratto di mutuo garantito da ipoteca di primo grado sull'immobile posto in vendita.

Ti ho riportato lo schema predisposto da tribunale. E dove si riporta «Attenzione», si spiega le modalità. La differenza fra le modalità con incanto e senza incanto è che nella seconda tu fai un'offerta scritta. Se la tua risulta la migliore, ti viene aggiudicato l'immobile. Se vi sono più offerte valide, il giudice e il notaio invitano i partecipanti a migliorare la propria offerta tramite dei rilanci, il cui minimo importo è prefissato nell'ordinanza di vendita. In pratica: si passa alla vendita con incanto, ossia a voce.

La seconda modalità è stata prevista per evitare le cosiddette "turbative d'asta", ossia la possibilità (che erano prassi vere e proprie) che i partecipanti si potessero mettere d'accordo. In alcuni casi chi era veramente interessato all'acquisto di un immobile "pagava" gli altri partecipanti (quando erano pochi, ovviamente) per non rilanciare. I partecipanti prendevano soldi solo per il fatto di rinunciare a partecipare, e la cosa all'interessato conveniva in quanto suddetto costo sarebbe sicuramente stato inferiore ai rilanci che avrebbe dovuto fare per aggiudicarsi l'immobile. In tal modo "guadagnavano tutti".

Ecco perché il legislatore ha previsto anche la modalità senza incanto. Perché fino all'ultimo non si sa quanti siano i partecipanti. In aggiunta, il legislatore ha previsto l'**irrevocabilità**

dell'offerta, anche se non presenzi il giorno dell'asta. Quindi non c'è più spazio per certi "giochetti". Io ti ho fornito gli schemi che utilizzo per partecipare alle procedure, in quanto società, ma tu dovrai utilizzare quelli previsti per la persona fisica, se agisci come persona fisica.

Sono quasi uguali, tranne che nella parte dei dati personali, e c'è qualche differenza (ad esempio: devi dichiarare se sei coniugato e in quale regime, ossia in comunione o separazione dei beni). Naturalmente, dovrai partecipare a molte aste per prenderne qualcuna. Tieni presente che da quando è stato deciso di pubblicare "il settore" su internet e tramite i mezzi di comunicazione, molte persone vi partecipano. Ma questo non deve scoraggiarti: quasi 4/4 dei partecipanti sono dei dilettanti e rinunciano presto, altri (sempre molti) hanno dei budget limitati e pensano di tentare con un solo rilancio o di offrire solo il prezzo previsto come base dell'asta, ma dopo aver visto che non riescono a prendere nulla, lasciano il settore. Per cui il numero dei partecipanti non deve mai trarti in inganno: se la giocano sempre due, massimo tre persone.

Sia che all'asta partecipino cinque persone, sia che ne partecipino cinquanta. Molti pensano che basta disporre di capitali per prendere qualcosa. Ma quando scoprono che così non è, allora dopo poco rinunciano. Perché, come ogni altra attività, questa, richiede tempo, studio e impegno. Ma, soprattutto, occorre capire le dinamiche che muovono i partecipanti.

Comprese queste, puoi andare a cercare aste che sai possono non risultare *interessanti* per la maggior parte delle persone. E il fatto che non risultino tali non significa che effettivamente non possano essere delle opportunità. Se non risulti aggiudicatario, ti vengono restituiti immediatamente gli assegni depositati per partecipare (in conto spese, e in conto tasse). Il deposito degli assegni (10% del prezzo offerto in case di domanda senza incanto, e 10% del prezzo a base d'asta in caso di incanto a cui va aggiunto un ulteriore 10% in conto spese) è requisito necessario per partecipare. Se sei aggiudicatario invece vengono considerati degli anticipi da te dovuti.

Tieni presente che, se pur risultando aggiudicatario non versi il saldo prezzo previsto per legge entro sessanta giorni dall'aggiudicazione definitiva, il deposito cauzionale rimane incamerato a titolo definitivo dalla procedura come penale. È una penale che, in questo, caso paghi per non aver onorato.

L'offerta, come detto, dal 2006 è irrevocabile. Anche se non partecipi all'asta fisicamente, dopo aver fatto domanda. Una volta che ti sei aggiudicato l'immobile vieni messo in contatto con il responsabile della procedura (custode giudiziario) che è sempre presente all'asta (se in tribunale; invece, dal notaio delegato dal giudice sarà egli stesso a svolgere le funzioni del medesimo in quanto responsabile della procedura) il quale stenderà verbale d'aggiudicazione, ti comunicherà gli esatti importi da pagare, a chi pagare, e predisporrà la bozza del decreto di trasferimento, che è quell'atto con cui, effettuati tutti gli adempimenti richiesti dalla legge, ti trasferirà l'immobile, una volta firmato dal giudice.

Ecco lo schema di un decreto di trasferimento:

TRIBUNALE DI ROMA
QUARTA SEZIONE CIVILE - ESECUZIONI

DECRETO DI TRASFERIMENTO DI IMMOBILE SUBASTATO

Esecuzione R.G.E. n. *

IL GIUDICE DELL'ESECUZIONE

nella procedura esecutiva promossa da *, parte creditrice procedente, in danno di:

- *, nat* a *, il *, codice fiscale *
- *, nat* a *, il *, codice fiscale *

RILEVATO
che in data * è stato aggiudicato il compendio immobiliare a * per il prezzo di *, e che l'aggiudicatario ha provveduto a versare nei termini stabiliti dall'ordinanza di vendita il residuo prezzo di aggiudicazione

TRASFERISCE

- a *, nat* a *, il *, residente a *, Via *, codice fiscale *, *, in regime patrimoniale di *
- a *, nat* a *, il *, residente a *, Via *, codice fiscale *, *, in regime patrimoniale di *

il seguente:

COMPENDIO IMMOBILIARE

- * sito in *, Via *, costituito da *, confinante con *, censito nel N.C.E.U. al foglio *, particella *, sub. *, zona censuaria *, cat. *, classe *, consistenza *, rendita catastale *
- * sito in *, Via *, costituito da *, confinante con *, censito nel N.C.E.U. al foglio *, particella *, sub. *, zona censuaria *, cat. *, classe *, consistenza *, rendita catastale *

Tale compendio è stato venduto nello stato di fatto e di diritto in cui si trova, anche in relazione alla legge n. 47 del 1985.

INGIUNGE

alla parte debitrice esecutata e a chiunque detiene il bene senza titolo opponibile, di rilasciare il compendio immobiliare oggetto della vendita nella piena disponibilità della parte acquirente

ORDINA

al Direttore dell'Ufficio del Territorio di Roma di procedere, con esonero da ogni sua responsabilità, alla cancellazione delle iscrizioni e delle trascrizioni seguenti gravanti sul compendio stesso e limitatamente ad esso:

Iscrizioni:

- ipoteca in favore di *, accesa in data *, al n. * di formalità
- ipoteca in favore di *, accesa in data *, al n. * di formalità
- ipoteca in favore di *, accesa in data *, al n. * di formalità
- ipoteca in favore di *, accesa in data *, al n. * di formalità

Trascrizioni:

- pignoramento immobiliare in favore di *, eseguito in data *, al n. * di formalità
- pignoramento immobiliare in favore di *, eseguito in data *, al n. * di formalità
- pignoramento immobiliare in favore di *, eseguito in data *, al n. * di formalità
- pignoramento immobiliare in favore di *, eseguito in data *, al n. * di formalità

Roma, *

IL GIUDICE DELL'ESECUZIONE

Con questo documento si va dall'ufficiale giudiziario, se necessario, per l'attività di sgombero dell'immobile. È importante evidenziare che solo con questo documento sei proprietario.

Ossia: non prima, anche se hai già proceduto al versamento del saldo prezzo.

Finché non hai questo titolo, pur avendo versato il saldo prezzo (che viene rilasciato anticipatamente rispetto ai necessari aggiornamenti presso la conservatoria e i pubblici registri, solo come copia conforme per uso sfratto; e questo perché i necessari aggiornamenti nei pubblici registri avvengono solitamente dopo circa otto mesi) non sei proprietario.

In realtà l'aggiudicazione è provvisoria per i dieci giorni successivi, ossia l'aggiudicatario provvisorio deve attendere che siano trascorsi dieci giorni prima di vedere consolidata come definitiva la sua aggiudicazione: nel senso che è possibile presentare (art. 589 Codice di Procedura Civile) da parte di ulteriori soggetti, appunto entro dieci giorni (ex art. 584 Codice di Procedura Civile) offerta in aumento non inferiore a un quinto rispetto al prezzo di aggiudicazione provvisoria (per le vendite disposte prima del primo marzo 2006 l'offerta in aumento doveva esser svolta nella misura di un sesto).

Decorsi i dieci giorni senza che nessuno sia intervenuto, l'aggiudicazione diventa definitiva. Può accadere che vi siano dei fatti ostativi all'effettivo svolgimento dell'asta, conoscibili quasi sempre o nei giorni antecedenti o addirittura il giorno stesso in cui è previsto lo svolgimento della procedura:

1. sospensione ex lege;
2. sospensione anche su domanda del debitore;
3. rinuncia all'esecuzione da parte del creditore procedente.

Nel primo caso, il giudice rileva che il titolo esecutivo in base al quale il creditore procedente ha dato impulso alla procedura, ha perso la propria idoneità a dar luogo ai singoli atti procedurali espropriativi (e deve essere valido durante tutta la procedura); oppure dispone la revoca dell'ordinanza di vendita da parte del giudice; oppure ancora rileva l'omessa o irregolare pubblicità dell'ordinanza di vendita. Nel secondo caso il debitore (o anche il giudice stesso) ha rilevato qualche irregolarità e/o illegittimità in singoli atti del procedimento esecutivo. Nel terzo caso il debitore raggiunge un accordo con il creditore, per cui quest'ultimo rinuncia all'esecuzione. Il procedimento civile, a differenza di quello penale, si svolge sempre e solo su impulso di chi presenta istanza. Per cui l'istante può interrompere in qualsiasi momento la procedura. E accade più di qualche volta.

Ora conosci genericamente le ragioni per cui un immobile va all'asta, quali sono i presupposti della medesima, come si svolge, che tipo di aste vi sono, chi le tiene, come e cosa guardare per valutare l'opportunità di partecipare, cosa può ostare lo svolgimento dell'asta, e cosa accade se ti aggiudichi un immobile.

Ripeto ancora una volta: queste informazioni sono sufficienti solo per valutare se la cosa possa interessare. Se decidi di partecipare a qualche asta, o di fare di questa attività una professione, non basta conoscere quanto ti sto illustrando.

Devi acquisire maggiori informazioni, ad esempio leggendo quei due libri di cui ti ho indicato gli autori. Il secondo soprattutto (*Le aste immobiliari* di Andrea Ferraiuolo, edito da Maggioli), che illustra nel dettaglio tutti i presupposti giuridici che disciplinano ogni singola fase delle procedure, è fondamentale per valutare bene anche tutti i rischi che si corrono se si partecipa senza sapere. Eccoti degli esempi che possono rendere il tuo affare un pessimo affare:

- diritti di terzi con data certa e/o vincoli sul bene;
- bene oggetto di assegnazione della casa coniugale prima del pignoramento;
- diritto di usufrutto, uso, abitazione e servitù sul bene;
- confisca del bene ipotecato;
- inapplicabilità della disciplina dei vizi della cosa venduta e della rescissione per lesione;
- rilevanza della diversità tra bene come indicato nei documenti ufficiali degli atti del procedimento e quello reale;
- evizione del bene;
- immobile abusivo.

Ecco perché occorre conoscere bene il settore, anche e soprattutto nei suoi aspetti normativi. Come in ogni attività, se non se ne conoscono bene le regole che ne disciplinano il funzionamento, vi sono elevate probabilità di commettere errori. Solo che nel campo immobiliare gli errori possono costare molto cari. Ma, se ci si addentra in questo mondo con la giusta conoscenza, si riduce, fino quasi ad eliminarlo, il rischio di spiacevoli sorprese, lasciando quindi margine e spazio abbondante per riportare ottimi risultati.

Per la mia esperienza, occorre procedere a una selezione nei criteri con cui si scelgono le aste. Ad esempio, in quelle procedure che hanno come oggetto ottimi immobili ma il cui prezzo a base d'asta è palesemente basso (perché la perizia è molto vecchia) è inutile partecipare: vi troverai il mondo intero. Personalmente non partecipo più ad aste di immobili il cui valore è inferiore al mezzo milione di euro: anche qui, trovi una moltitudine di dilettanti che hanno da parte cifre fra i 150.000 e i 400.000 euro, propri o conferiti da terzi, e che concentrano la propria attenzione su immobili medio-piccoli, piuttosto commerciali. Ci sono altri modi per reperirli al di fuori delle aste, ma questo lo vedremo dopo.

Io seleziono immobili non particolarmente commerciali (ma non per questo meno appetibili sul mercato) come, ad esempio, di grande metratura, in quartieri buoni ma non necessariamente centrali, o con caratteristiche che molti evitano. Quest'ultimo punto merita un approfondimento. Come detto, quasi 4/4 dei partecipanti alle aste immobiliari sono dei dilettanti. E come tutti i dilettanti scelgono solo quanto all'occhio appare maggiormente evidente, conveniente e allettante. Scartando il resto. E non prendono quasi mai nulla in quanto, partecipando a questo tipo di aste moltissime persone, i prezzi di aggiudicazione lievitano fino ad arrivare spesso a prezzi superiori a quelli di mercato. Quindi, se e quando comprano lo fanno a prezzi elevati. Allora tanto vale andare direttamente sul libero mercato.

La gente vuole le cose facili, e ritiene che avere qualche soldino in tasca sia garanzia di successo. Ma non è affatto così. Alcune procedure sono piuttosto complesse e problematiche. Parte di esse sono irrisolvibili, ma altra parte sono risolvibili. Io di queste ultime mi occupo sistematicamente. Essendo comunque problematiche, occorre tempo, esperienza e conoscenza per valutare se e quanto siano risolvibili, e questo fatto scoraggia molti partecipanti.

Quindi, accade che quando partecipo a questo tipo di procedura trovo sempre pochissime persone, alle volte addirittura due, oppure sono da solo. Come ho detto: sono le informazioni e la tua cultura a darti accesso a quelle opportunità che la massa trascura e tralascia. Laddove ci sono *problemi*, molto spesso si nascondono delle *opportunità*. I problemi, per molti, non rappresentano delle potenziali opportunità ma solo *rogne* (per così dire…), e allora preferiscono "andare oltre" nello screening delle aste a cui partecipare.

La gente vuole le cose facili: guadagnare (solo impiegando denaro) senza sforzo. Per mia fortuna, l'ignoranza fa sì che pratiche problematiche ma risolvibili siano molto poco frequentate.

SEGRETO n. 26: dopo aver partecipato a tante aste vedrai che la massa dei partecipanti va dove è più facile e allettante, scartando il resto. Ma in quel *resto* tu troverai ottime opportunità. Perché la gente le tralascia preferendo situazioni facili. Questo è un punto a tuo vantaggio, se hai esperienza e conoscenza.

Pratiche "diverse" sono, ad esempio, le **quote di proprietà** che vanno all'asta: tutti le evitano. Ma a mio avviso esse sono una delle migliori opportunità: spendi poco perché sono quote e non proprietà intera (e proprio per questo nessuno le vuole); dopodiché chiami gli altri comproprietari (perché questi hanno il diritto di prelazione) e comunichi loro la tua intenzione di vendere la quota che hai acquistato (naturalmente maggiorata del tuo guadagno).

Se loro non interessa, o non vogliono pagarti quello che chiedi: nessun problema, non possono bloccarti. Si chiede allora la divisione giudiziale in tribunale, procedimento con cui il giudice, se non c'è accordo, ordina la vendita del bene al fine di dividere il ricavato in base ai titoli posseduti da ciascuno. Le cifre da impiegare in questi casi sono davvero basse: nell'ordine di poche decine di migliaia di euro. O anche meno.

Oppure puoi fare il contrario: ossia fare tu una proposta agli altri comproprietari e rilevare l'intera proprietà. Se, come spesso accade, essi sono in forte contrasto fra loro (perché magari si tratta di divisioni ereditarie o semplicemente di persone che non vanno d'accordo) potrebbero aver intenzione di risolvere al più presto la vicenda. Inoltre, fra loro c'è sempre chi ha bisogno di denaro in tempi brevi!

Un altro campo interessante è quello delle **case occupate**: occorre valutare bene il motivo e/o il titolo in base al quale sono occupate.

Io, ad esempio, la settimana scorsa ho scritto a due usufruttuari di un immobile che è già in procedura esecutiva, ubicato in una zona di Roma molto appetibile: essendo andata all'asta la nuda proprietà del loro appartamento, in base al fatto che sono usufruttuari hanno diritto a rimanervi dentro fino alla morte, momento in cui la nuda proprietà si riunirà all'usufrutto (tornando a essere piena proprietà). Il problema è che gli inquilini sono nati rispettivamente nel 1962 e nel 1965, motivo per cui tutti saranno scoraggiati a partecipare all'asta, dal momento che si potrà godere del bene non prima di vari decenni.

Ebbene: ho mandato loro una lettera in cui ho evidenziato che, mentre è vero che nessuno li butterà mai fuori, l'immobile tuttavia è piccolo per due persone (è di circa 60 mq) e che quando dovranno cambiare casa si troveranno senza soldi, dal momento che non potranno mai venderlo, se qualcuno si aggiudica la nuda proprietà (manifestando così la mia intenzione di procedere in tal senso). Allora ho proposto loro tre soluzioni:

1. di vendermi l'usufrutto, offrendo loro una bella cifra;
2. di acquistare loro la nuda proprietà (pagherebbero non molto, dal momento che non si tratta di piena proprietà) da me (se

me l'aggiudico), almeno si ritrovano un valore in mano da poter vendere un domani;

3. oppure di unire le nostre forze: se io mi aggiudico l'immobile, lo mettiamo in vendita insieme e dividiamo a metà il ricavato.

In tutti e tre i casi, loro concludono qualcosa e ne ricavano un guadagno. Nel primo caso, se mi aggiudico la nuda proprietà (base d'asta: 75.000 euro) entro gli 80.000 (probabile, visto che non ci sarà nessuno) posso offrire loro 150.000 euro per un immobile che ne vale circa 350.000 (io avrei speso 150.000 euro, più i 75.000 di aggiudicazione nuda proprietà, per un totale di 225.000 euro di costi a fronte del valore di 350.000 euro). Così, essi avrebbero guadagnato 150.000 euro ed io 125.000.

Nel secondo caso, potrebbero contrarre un mutuo di circa 130.000 euro, che dovrebbero darmi per cedere io a loro la nuda proprietà: io avrei guadagnato 50.000 euro, ma essi a fronte di quella spesa si troverebbero interamente proprietari di un immobile, che ne vale 350.000, da poter rivendere .Nel terzo caso, come detto, si "uniscono i titoli", si vende la proprietà piena e si divide a metà il ricavato, e ciascuno di noi ne uscirebbe con 170.000 euro circa: io avendo impiegato 80.000 euro, mentre essi nulla. Come vedi, per loro tutte e tre le soluzioni sono vantaggiose.

Perché l'alternativa è mantenere a vita l'usufrutto di un bene di cui non potranno mai disporre per vendere. Potrebbero affittarlo per 1200 euro al mese. Ma un domani che dovessero cambiare casa, forse non sarebbe meglio disporre subito di una cifra ben più importante? Fosse stata una casa di 120 mq, forse potrebbe anche avere senso mantenere un usufrutto: è la casa della vita, grande abbastanza per una famiglia. Ma una casa da 60 mq, prima o poi, si abbandona. Tanto più che gli usufruttuari, sono due: moglie e marito, e giovani, visto che sono nati nel 1962 e nel 1965.

Ecco un esempio di problema (usufruttuari giovani) che nasconde un'opportunità, se accolta dai destinatari. Ancora non ho ottenuto risposta dai destinatari, perché ho inviato loro la lettera la scorsa settimana, ma se sono intelligenti, accetteranno. In caso contrario, passo al prossimo affare, al prossimo *problema* da trasformare in *opportunità*: e prima o poi, troverò qualcuno che accetterà!

Strategie di acquisto all'asta

- *Operazione meramente finanziaria* (compro solo il credito): acquisto un credito ipotecario dal valore di 130.000 euro da una banca, per 100.000 euro (a sconto, perché la banca incassa subito). La base d'asta è di 150.000 euro. L'utile è dato dalla differenza fra costo credito (100 euro) e il suo valore nominale 130 euro): 30.000 euro.
- *Operazione immobiliare* (compro il credito e mi aggiudico l'asta): acquisto un credito ipotecario dal valore di 130.000 euro da una banca per 100.000 euro. La base d'asta è di 150.000 euro. Oltre ad aver comprato (a sconto) il credito, mi aggiudico anche l'asta a 160.000 euro. In realtà, il valore del mio credito nominale è di 130.000 euro, e quindi devo versare altri 30.000 euro. Totale speso: 100.000 euro (acquisto credito che vale 130) + 30.000 per aggiudicazione, per un totale di 130.000 per un immobile che mi aggiudico a 160.000 euro. Utile netto: 30.000 euro + l'immobile da rivendere sul mercato con ulteriore guadagno.
- *Operazione immobiliare con base d'asta inferiore all'entità del credito:* acquisto un credito ipotecario dal valore di 130.000 euro, per 100.000 euro. La base d'asta è 125.000 euro, cioè inferiore all'ammontare del credito. Qui effettuo

istanza al giudice per farmi assegnare direttamente l'immobile. Utile netto: 25.000 euro (ho pagato 100.000 per l'assegnazione di un bene valutato 125.000 come base d'asta) + l'immobile da rivendere con ulteriore guadagno.

Quindi, è possibile acquistare un immobile anche attraverso la cessione del credito (ipotecario). Acquistando un credito ipotecario (tralasciando l'operazione meramente finanziaria) si può quindi eventualmente acquisire la proprietà a un prezzo vantaggioso in due modi: ***diretto***, quando l'entità del credito è superiore alla base d'asta si chiede l'assegnazione al tribunale; ***indiretto***, quando, oltre ad aver acquistato il credito, mi aggiudico anche l'asta. Qui, in pratica, divento creditore di me stesso. Solo che ho acquistato il credito a un valore economico inferiore al credito nominale (sconto cessione credito). Quindi, quel "vantaggio economico" si riflette anche in sede di asta nei confronti di terzi partecipanti (vedi * nella seconda strategia).

RIEPILOGO DEL GIORNO 5:

- SEGRETO n. 24: dalle disfunzioni di un sistema spesso nascono le opportunità: a causa di quelle del sistema giudiziario è possibile acquisire a sconto immobili stimati e periziati molti anni addietro.
- SEGRETO n. 25: controlla e verifica sempre tutti gli aspetti giuridici che emergono dalla procedura e se qualcosa non è chiaro, completo ed esaustivo, effettua le verifiche di persona presso gli appositi uffici.
- SEGRETO n. 26: dopo aver partecipato a tante aste vedrai che la massa dei partecipanti va dove è più facile e allettante, scartando il resto. Ma in quel *resto* tu troverai ottime opportunità. Perché la gente le tralascia preferendo situazioni facili. Questo è un punto a tuo vantaggio, se hai esperienza e conoscenza.

GIORNO 6:
Come valutare investimenti immobiliari alternativi

Nonostante io abbia suggerito di iniziare a operare tramite immobili di tipo residenziale (perché è più semplice ottenere e valutare le informazioni), ovviamente gli affari non si trovano solo nel settore residenziale. Oppure, anche se riguardano il settore residenziale, si tratta di immobili "particolari", ossia di situazioni che (pur relative sempre a case) vanno valutate e interpretate economicamente in maniera diversa per i motivi che andiamo a vedere. Iniziamo con queste ultime.

Le case degli enti rimaste inoptate

Si tratta delle case degli inquilini che avendo per legge il diritto di prelazione non hanno tuttavia accettato; e di quelle comprese nelle vendite da parte di enti vari (S.C.I.P.): anche qui si presenta offerta. Molti enti statali e parastatali, per esigenze di cassa, stanno alienando i patrimoni immobiliari, e se si guarda su internet nei siti dei rispettivi enti (Tesoro, Enasarco, Ferrovie dello Stato ecc.) si trovano i relativi bandi. Ad esempio, Risorse per Roma (società comunale di Roma) ha effettuato anche trattative private. Il concetto è simile a quello delle aste. Tuttavia, qui, la proprietà è dell'ente stesso, quindi per certi versi è molto più semplice lo svolgimento dell'intera procedura.

Di che si tratta? Questi enti, quando intendono alienare il proprio patrimonio immobiliare, propongono l'acquisto delle singole case in primo luogo agli inquilini stessi, in quanto per legge questi hanno il diritto di prelazione. Non tutti accettano di acquistare, per svariati motivi: chi non ha soldi, chi preferisce rimanere in affitto dal momento che, avendo regolare contratto, nessuno può avanzare pretese di liberazione dell'immobile. Naturalmente gli inquilini godranno di un prezzo di favore, appositamente e solamente per loro.

Al termine del "giro di consultazione" degli inquilini, gli enti tirano le somme e controllano l'entità dei diritti rimasti inoptati: ossia di chi non ha comprato. A questo punto gli enti vendono sul mercato gli immobili invenduti, elaborando un bando in cui si invita chiunque fosse interessato a presentare offerta. Naturalmente i prezzi richiesti non sono paragonabili a quelli a cui sono stati proposti agli inquilini. Tuttavia può accadere che, per fretta e esigenza di cassa, gli enti possano proporre quegli immobili a prezzi leggermente inferiori a quelli di mercato.

I quali vanno ulteriormente decurtati, in quanto gli immobili sono comunque occupati dagli inquilini che non hanno esercitato il diritto di prelazione. Questi due "sconti" possono rendere l'acquisto interessante. Ma questo tipo di investimento va considerato a lungo termine, in quanto solo a scadenza contrattuale (affitto) l'immobile si libererà. In molti casi, tuttavia, il prezzo giustifica l'attesa.

La nuda proprietà

Questa consiste nel fatto che tu acquisteresti di un immobile la nuda proprietà, lasciandoci tuttavia dentro il vecchio proprietario, che mantiene a vita l'usufrutto del medesimo. Quando l'occupante decede giuridicamente la nuda proprietà (ossia: la proprietà senza il possesso) si riunisce ex lege all'usufrutto (possesso), per tornare a essere piena proprietà. Questo tipo di operazione talvolta è adottata proprio dalle persone anziane che non hanno alcun erede a cui lasciare la propria casa e che, al contempo, hanno bisogno o semplice desiderio di tranquillità economica.

Per questo motivo paghi uno sconto di circa il 30% rispetto al valore dell'immobile. Perché finché rimangono in vita, essi giuridicamente sono intoccabili nel loro diritto di usufrutto. Mentre a te, invece, rimane la (nuda) proprietà delle mura senza alcun diritto di abitazione o possibilità di liberare l'immobile anzitempo. Lo sconto sarà tanto maggiore quanto minore sarà l'età del vecchio proprietario; viceversa, sarà tanto minore quanto maggiore sarà l'età del medesimo.

In pratica, ti assumi il "rischio" della durata della vita dell'usufruttuario. Il *vantaggio* consiste, appunto, nello *sconto*. Lo svantaggio, consiste invece nel fatto che, finché l'occupante è in vita, tu non percepisci affitto e sostieni parte dell'imposizione fiscale, mentre a tuo carico totale sono le spese di manutenzione straordinaria. Inoltre, l'usufruttuario potrebbe vivere molto più delle previsioni. In conclusione, tutto dipende dall'appetibilità commerciale dell'appartamento, dall'età dell'usufruttuario e dall'entità dello sconto. In sintesi: ti assumi prevalentemente il rischio della durata della vita dell'usufruttuario. Anche se, in realtà, puoi rivendere anche la singola nuda proprietà, che man mano che trascorrono gli anni acquista sempre e comunque maggior valore, proprio perché connessa all'età dell'usufruttuario.

La nuda proprietà è indicata nei casi in cui si dispone di denaro e non si ha fretta, né necessità di liquidarlo nel breve-medio termine. Oppure per chi desidera acquistare casa per i propri figli, o, ancora, per chi desidera semplicemente un ritorno in conto capitale un domani. Perché quel ritorno sarà composto dal recupero dello sconto (dovuto giuridicamente alla riunione della nuda proprietà con l'usufrutto, riservato all'ex proprietario finché vive) e dalla sicura rivalutazione dei valori immobiliari che negli anni si verificano più o meno costantemente.

Quindi, se si sceglie "bene" il tipo di immobile, la sua ubicazione e l'età dell'occupante, il ritorno sull'investimento potrà compensare ampiamente sia le attese, sia le spese sostenute negli anni. Se hai acquistato la nuda proprietà, come detto, puoi anche rivendere casa prima che si liberi (se per qualsivoglia ragione cambiassi idea, o nuove circostanze sopravvenute ti costringessero a liquidare). Nel qual caso, anche tu dovrai concedere lo sconto, per lo stesso motivo in base al quale acquistasti. Ma probabilmente tale sconto sarà inferiore a quello che hai ottenuto tu, perché nel frattempo sarà trascorso un certo periodo, il che è un elemento a tuo vantaggio. Sapere che hai anche questa opportunità non è da poco, perché rappresenta comunque un'ulteriore alternativa possibile e praticabile.

Ad esempio, puoi acquistare una nuda proprietà, metterci un'ipoteca sopra e farti dare del denaro dalla banca per poter continuare liberamente la tua attività immobiliare. La banca è garantita; tu con questo sistema hai ugualmente liquidi con cui lavorare e, nel frattempo, il tuo investimento si valorizza. In tal modo fai lavorare una stessa cifra più volte.

Questo si chiama **effetto leva**, e ne parleremo in seguito. Perché è l'unico modo che ti consente di fare soldi, impiegandone una modesta quantità. Come ti ho spiegato: il segreto è nel far girare il proprio capitale più volte. E in questo modo lo fai girare contemporaneamente più volte, piuttosto che compiere un'operazione alla volta. Come credi che i grossi immobiliaristi abbiano fatto i soldi ? Utilizzando il concetto di **leva.**

Case occupate

In questo caso acquisti un immobile già locato (quindi: affittato). Per il fatto che non è libero ottieni uno sconto. E, a differenza della nuda proprietà, nel frattempo che l'immobile è occupato tu percepisci un **reddito** costituito dall'**affitto**. Naturalmente per questo motivo lo sconto è minore rispetto al prezzo d'acquisto della nuda proprietà. Anche perché molti cercano un immobile da mettere a reddito per percepire un'entrata. In tal modo ottieni due risultati: hai già risolto il problema di trovare l'inquilino, e per il fatto che già è dentro l'immobile paradossalmente paghi quest'ultimo meno, in quanto considerato occupato. Ma se è quello che cerchi, allora, ci sono ottime opportunità.

Qui, oltre alle caratteristiche dell'immobile prima evidenziate, occorre valutare molto bene il contratto d'affitto che lega l'inquilino all'appartamento: durata massima della locazione, a che punto si è del contratto in termini di anni trascorsi, importo del canone, rivalutabilità del medesimo nel tempo e a quali precise condizioni e parametri essa avviene, la regolarità dei pagamenti, che non vi siano arretrati. Dirai: «Perfetto! Se tanto desidero acquistare per affittare, comprando una casa già affittata prendo due piccioni con una fava!»

Può non essere così. Ecco perché ti suggerisco di analizzare e valutare attentamente il contratto d'affitto, e di prendere informazioni precise sull'inquilino. Scoprirai che i canoni locativi sono molto spesso inadeguati in quanto il relativo contratto d'affitto è stato stipulato anni addietro. E la rivalutazione dei medesimi, essendo agganciata a parametri non reali (ISTAT) è sempre alquanto modesta.

Se il contratto è a te sfavorevole in tal senso, occorre vedere quanti anni ancora dura il contratto, e considerare che, anche in caso di disdetta per finita locazione, potrebbero volerci anni per liberare l'immobile qualora l'inquilino non se ne andasse. Nel frattempo, sempre che l'inquilino continui a pagare, continueresti a percepire quei canoni inadeguati, spesso neppure sufficienti a coprire le spese. Ottenere poi lo sfratto a seguito (dopo anni) di sentenza a te favorevole, ti assicuro che è impresa davvero ardua. Quindi, anche in questo caso, ci vuole molta attenzione nel selezionare il giusto tipo di immobile, con il giusto inquilino.

SEGRETO n. 27: ogni tipo di investimento, compreso quindi l'immobiliare, ha dei pro e dei contro da valutare molto attentamente.

Ciò richiede quindi buon senso, esperienza e conoscenza delle materie o dei settori in cui s'intende operare. Se sbagli nell'immobiliare, puoi trovarti in situazioni piuttosto gravose e alquanto onerose da sostenere, oltre ad aver immobilizzato per lungo tempo centinaia di migliaia di euro.

SEGRETO n. 28: è vero che, a differenza di quanto possa accadere in campo finanziario, nel campo dell'immobiliare i soldi comunque li recuperi e tutti (almeno nominalmente) in caso d'errore (ma potrebbero volerci molti anni e recupereresti comunque quanto versato all'epoca, cifra che sicuramente avrà perso nel frattempo il proprio potere d'acquisto); tuttavia in campo finanziario, se qualcosa non va

per il verso giusto, puoi liquidare immediatamente il capitale per reinvestirlo (recuperando quindi l'eventuale perdita subita) in tempi davvero brevissimi, e iniziare a guadagnare.

Locali commerciali e/o negozi

Interessante è anche (anche tramite le procedure esecutive) la valutazione di acquistare locali commerciali e negozi. Al fine di percepire una rendita, questi possono considerarsi più appetibili rispetto a un immobile da affittare a privati. Mentre un inquilino, se lo mandi via, può tranquillamente trovare altra soluzione locativa, per l'inquilino di tipo commerciale non si possono fare le medesime considerazioni: molto del successo dell'attività commerciale dipende dall'ubicazione e cambiarla può comportare perdita della clientela, magari fidelizzata nel frattempo. Quindi, con questo tipo di inquilino può esser più semplice trattare, in caso di problemi o no.

Inoltre, l'attività commerciale genera flussi di cassa periodici, per cui è più difficile che il titolare d'azienda non possa pagare. Pagherà prima te e il personale dipendente, poi tutto il resto. Anche se non è impossibile che un negozio possa fallire e chiudere: ci sono attività che aprono e chiudono perché non ce la fanno. Naturalmente devi verificare la "qualità" dell'inquilino commerciale: se si tratta di pizzeria a taglio, per esempio, puoi star certo che sarà un ottimo inquilino dal punto di vista di affidabilità per la corresponsione dei canoni.

O un bar, oppure un esercizio commerciale di beni di prima necessità, che sai che difficilmente potrà chiudere. Tutto può succedere, ma se si reperiscono informazioni adeguate sulla capacità del negoziante, sulla sua storia professionale e sulla sua capacità commerciale/imprenditoriale, puoi sicuramente valutare la persona in maniera migliore perché approfondita.

Uffici

Per gli uffici il discorso è simile: si acquistano a prezzi leggermente inferiori rispetto agli immobili residenziali in quanto hanno una differente classificazione catastale (A10), ma se l'ubicazione è buona sono una sicura fonte di reddito. Immagina un ufficio nei pressi dei tribunali: andrebbe a ruba e avresti la fila degli aspiranti inquilini! Per gli uffici, come per i negozi o locali commerciali, è fondamentale valutare l'ubicazione.

Terreni

Anche l'acquisto di terreni, può esser interessante. Su quelli non edificabili si possono tuttavia fare cose. Ad esempio: piantarci degli ulivi, che non richiedono particolare manutenzione, per rivendere a peso d'oro il legno quando è il momento; oppure affittarli a chi desidera impiantarvi colture; oppure ancora sfruttare le leggi e i finanziamenti previsti per chi avvia determinate attività (come gli agriturismi).

SEGRETO n. 29: vai al Comune e informati sulle prossime future probabili evoluzioni del piano regolatore e prendi informazioni riguardo certe tendenze. Sei fortunato, potresti fare ottimi affari.

Frazionamenti di unità immobiliari

Altre situazioni appetibili sono date dalla possibilità di frazionamenti di unità immobiliari grandi con più ingressi, a condizione che rispettino certe normative; altrimenti, catastalmente non è possibile procedere al frazionamento. I frazionamenti consentono di migliorare la commerciabilità dell'immobile, perché – come intuisci – i mono, bi, e trilocali sono gli immobili che vanno per la maggiore, in quanto più richiesti, più facilmente liquidabili. Essi, inoltre, in quanto piccoli difficilmente possono essere oggetto di controversie da parte di nuclei familiari che se non pagano essere difficile mandare via, soprattutto se vi sono bimbi piccoli, anziani poco o non autosufficienti, oppure disabili. Nessuno pensa di piazzarsi per anni in un piccolo immobile. Tuttavia questo tipo di investimento richiede maggior esperienza e maggior disponibilità di capitali: quasi sempre suddetti acquisti riguardano piccole palazzine o immobili cielo-terra.

Qui necessariamente dovrai avvalerti della professionalità di un'impresa edile e di un architetto. Perché dovrai variare interamente la disposizione interna al fine di ricavare la tipologia di immobile che ritieni più opportuna. Ma, se ben impostate, queste sono fra le operazioni maggiormente interessanti e remunerative.

Cessione di compromesso

In pratica, quando la costruzione di un palazzo è allo stadio iniziale, ossia c'è solo il progetto e le necessarie autorizzazioni (o al massimo il cantiere in fase iniziale) i costruttori iniziano a prevendere sulla carta per finanziarsi e, di conseguenza, scaglionano i pagamenti che gli aspiranti proprietari debbono effettuare a stato d'avanzamento dei lavori. Si paga un tot a prenotazione e un tot al compromesso. Come intuisci, man mano che la costruzione avanza e si avvicina al termine di realizzazione, i prezzi non sono più quelli iniziali, ma crescono leggermente, perché gli acquisti non sono più sulla carta: quindi quello sconto iniziale, dovuto al principio al fatto che si sarebbe disposto dopo mesi dell'immobile, non ha più senso.

Ebbene: a fini speculativi puoi acquistare *sulla carta*, in fase più iniziale possibile della costruzione (e se *sul progetto* è ancora meglio), per poi cedere dopo qualche mese il tuo compromesso d'acquisto (che hai sottoscritto a prezzo iniziale) al nuovo prezzo, maggiorato appunto dal fatto che l'immobile non è più sulla carta ma reale e in stato avanzato di fabbricazione.

Queste operazioni presentano l'indubbio vantaggio di non farti apparire mai come proprietario (perché non hai mai firmato un rogito) e quindi di non essere soggetto alle previste tagliole fiscali in caso di alienazioni di proprietà. Oltretutto, il bello è che acquistando sulla carta, paghi solo la prenotazione che consiste in poche migliaia di euro, o decine di migliaia di euro al massimo: normalmente si arriva attorno ai 20/30.000 euro.

Questo tipo di "speculazione" presenta l'indubbio vantaggio di richiedere l'impiego di capitali davvero modesti e, ad esempio, sempre sulla carta puoi acquistare più prenotazioni. Diciamo che puoi tirare fuori tranquillamente fra i 10.000 e i 15.000 euro a operazione. E non è poco, dal momento che l'impiego del tuo capitale difficilmente supererà i 30.000 euro. Quindi, oltre che a spendere cifre esigue, avrai un ritorno anche fino al 50% e, ripeto, senza gli oneri fiscali previsti in caso di cessione di proprietà.

Box e posti auto

Ulteriore investimento interessante, oggi, a mio avviso, può rivelarsi l'acquisto di box e posti auto, vista la carenza cronica di parcheggi nelle grandi città. Il vantaggio di queste operazioni e dato sia dall'utilità appena evidenziata, sia – anche qui – dal basso costo dell'investimento rispetto all'acquisto di un appartamento.

E, con la locazione di un box, oltre che a percepire un'entrata, non avrai mai i problemi tipici dell'inquilino che non paga (giudizio civile, sfratto ecc.). Pochi, ad esempio, sanno che, mentre è previsto che sui terreni classificati come non edificabili non è possibile costruire *sopra*, è consentito invece costruire *sotto*, sia pur a certe condizioni. Per cui, se individui un terreno interessante, ubicato in zona in cui la gente parcheggia, lo paghi come terreno agricolo, ci costruisci dei parcheggi, e lo rivendi.

Cessioni di credito

Degne di rilevo sono anche le cessioni di credito, effettuate da società specializzate o dalle banche stesse. Come sai, le banche ormai da un decennio preferiscono cartolarizzare le proprie sofferenze, piuttosto che seguire le necessarie procedure giudiziarie, e ciò per i motivi che ti ho esposto nel Giorno relativo alle aste.

Cosa fanno? Vendono un dato "pacchetto di crediti" a delle società di cartolarizzazione. La cartolarizzazione consente di rendere dei crediti "liquidi", crediti che altrimenti risulterebbero inesigibili finché incagliati. In sostanza, un incaglio commerciale si trasforma in uno strumento finanziario che circola e che quindi rende fluido il mercato. Ebbene: queste società rilevano quei pacchetti a prezzo notevolmente inferiore rispetto all'ammontare dei crediti stessi.

Le banche, in tal modo, anziché investire tempo e denaro per effettuare le relative procedure giudiziarie, smobilitano quelle che per loro sono "rogne", rientrando nel possesso di denaro (spesso per esigenze di bilancio, che deve essere il più possibile a posto, dal momento che essendo società quotate in borsa, trimestralmente le banche devono pubblicare i dati relativi al proprio stato patrimoniale).

Tieni presente che parte di quel denaro che la banca cede non è denaro effettivamente erogato, ma è costituito dal mancato incasso della quota interessi che la banca avrebbe percepito se i crediti fossero andati a buon fine. Ebbene: la società specializzata in cartolarizzazione, avendo acquistato dei crediti a sua volta li cede (a cifra maggiorata del loro guadagno) a terzi.

Se tu acquisti un credito, da che cosa è dato il tuo guadagno?

Dalla differenza di prezzo fra la cifra relativa a quanto hai acquistato e la base d'asta a cui l'immobile viene venduto. Sì, perché comunque l'immobile va all'asta: quello è il guadagno sicuro. A cui possono aggiungersene altri. Puoi, per esempio, procedere a rilevare alla medesima asta l'immobile per cui hai acquistato il credito (al solo debitore esecutato è vietato partecipare all'asta dell'immobile che lo riguarda), riportando così un doppio utile: hai speculato sul credito, e ti sei aggiudicato l'asta per quell'immobile a valore inferiore rispetto alle quotazioni attuali. Oppure puoi rivenderti il credito stesso, a un prezzo maggiorato dal tuo utile. Naturalmente, devi saper acquistare bene. In tutti i casi, riesci a guadagnare: *quanto* dipende da cosa e come scegli.

Stralci

Poi ci sono i cosiddetti stralci, anche se sono più complessi tecnicamente. Essi riguardano la fase antecedente all'asta, e precisamente quando il credito da parte della banca nei confronti dell'esecutato viene classificato come *sofferenza* o *incaglio*.

Ancora non è stata effettuata la perizia da parte del CTU. Ebbene:

in questo caso occorre valutare l'esposizione del debitore, e cioè a quanto ammonta e quanti sono i creditori. Se l'esposizione è pari o addirittura maggiore al valore della garanzia (immobile), allora la cosa non conviene perché la banca difficilmente accetterà proposte inferiori al valore del debito.

Lo stesso dicasi se vi sono più di tre creditori: diventa complesso trattare con tutti, e basta che uno solo non accetti per far saltare il tutto. Ma come funzionano gli stralci? Rilevata la "bontà" del credito, nel senso che questo è inferiore al valore dell'immobile dato a garanzia, e verificato che il numero dei debitori sia ristretto (sarebbe il massimo se fosse uno solo: l'istituto erogante il mutuo), si rileva il debito del debitore. Per far ciò occorre un mandato o un'autorizzazione in tuo favore da parte del debitore (altrimenti non avresti alcun titolo, né la banca potrebbe procedere in tal senso) che così accetta la cessione del debito nei tuoi confronti.

Ma perché il debitore dovrebbe essere interessato a compiere una simile operazione? Semplice: lui casa l'ha persa comunque, ma se tu non intervieni, non avendo egli pagato il mutuo, rimarrà segnalato nella centrale rischi e non potrà più ottenere o un altro mutuo o qualsiasi tipo di prestito personale. Mentre, se effettua l'operazione appena descritta, torna "vergine" dal punto di vista finanziario, e può riaccendere un mutuo in quanto essendo estinto il debito (che hai rilevato e pagato tu) egli non verrà segnalato presso la centrale rischi.

In aggiunta, gli si promette solitamente anche una piccola somma. Conviene a lui, conviene a te, conviene alla banca. Perché la banca fa questo tipo di operazioni? Perché se non le facesse ci vorrebbero soldi e tanti anni per recuperare il capitale erogato. In tal modo elimina sia i primi sia i secondi.

Vendita dei millesimi

Ancora: la vendita dei millesimi. Avrai letto spesso sia su riviste specializzate, sia su siti di aste giudiziarie, la dicitura: «Cedesi... 25/200 millesimi come quota parte di proprietà...» Qui puoi rilevare con basse cifre delle quote di immobili. Per farne che? Semplice: per rivenderle. Sì, perché se rilevi una quota parte di proprietà, la prima cosa che fai è contattare i legittimi proprietari, informandoli del fatto che sei proprietario per quella quota parte che hai acquistato. E comunichi loro la tua intenzione di vendere, in quanto per legge essi hanno il diritto di prelazione. Se accettano, maggiori il prezzo, ossia carichi un utile su quanto hai sborsato per acquistare.

Se non accettano, non possono assolutamente bloccarti, in quanto è previsto giuridicamente che tu possa chiedere la **divisione giudiziale** (ossia la vendita forzata) per recuperare la tua parte. Siccome anche se di quote millesimali si tratta fanno sempre riferimento a un immobile destinato all'asta, la valutazione del medesimo sarà per i motivi prima esposti inferiore al valore reale. Quindi, quando l'immobile verrà aggiudicato, la tua quota parte, è sempre costituita dallo stesso numero di millesimi, solo che questi vanno calcolati sul valore maggiore.

Se poi all'asta il prezzo sale più del previsto, perché quell'immobile è particolarmente appetibile, allora ti è andata alla grande. Ancora una volta: ti ho illustrato la possibilità di effettuare investimenti con pochi soldi. In quest'ultimo tipo di attività ho visto rilevare quote per cifre attorno ai 5000 euro! Poco o tanto che sia la tua quota, se chiedi la divisione giudiziale il giudice non può non procedere.

Anzi, più è piccola la quota, più è probabile che gli altri comproprietari ti saldino e versino quanto da te richiesto per risolvere quanto prima con te ogni pendenza.

RIEPILOGO DEL GIORNO 6:

- SEGRETO n. 27: ogni tipo di investimento, compreso quindi l'immobiliare, ha dei pro e dei contro da valutare molto attentamente.
- SEGRETO n. 28: è vero che, a differenza di quanto possa accadere in campo finanziario, nel campo dell'immobiliare i soldi comunque li recuperi e tutti (almeno nominalmente) in caso d'errore (ma potrebbero volerci molti anni e recupereresti comunque quanto versato all'epoca, cifra che sicuramente avrà perso nel frattempo il proprio potere d'acquisto); tuttavia in campo finanziario, se qualcosa non va per il verso giusto, puoi liquidare immediatamente il capitale per reinvestirlo (recuperando quindi l'eventuale perdita subita) in tempi davvero brevissimi, e iniziare a guadagnare.
- SEGRETO n. 29: vai al Comune e informati sulle prossime future probabili evoluzioni del piano regolatore e prendi informazioni riguardo certe tendenze. Sei fortunato, potresti fare ottimi affari.

GIORNO 7:
Come e dove trovare opportunità immobiliari

Questi ultimi due Giorni rappresentano per certi versi la parte più importante di tutto l'ebook. Ossia, la parte operativa dell'attività, sia questa continuativa o sporadica. Come detto: non è importante ciò che sai (*che ti ho appena trasferito*) ma quello che farai con ciò che sai.

Sapere le cose, e rimanere nell'immobilismo, rende la conoscenza perfettamente inutile e la riduce a mera acquisizione di un insieme di informazioni sterili, senza che queste possano significare qualcosa o avere qualche valore. Come detto: le informazioni nell'era informatica sono la ricchezza più importante disponibile a tutti grazie a internet. Ti servono per elaborare le tue strategie operative, per capire come e dove puoi e/o devi andare, per illustrarti nuove idee, tendenze e iniziative da intraprendere, per avere il successo che cerchi. E, come spiegato, le regole del successo sono le medesime in tutti i campi. Per cui, se ti applichi con passione, impegno, umiltà e dedizione, non puoi non riuscire. Il denaro è solamente un mezzo che ti consente di concretizzare le tue idee. Proprio come le informazioni e le conoscenze.

Ma tutto ciò non serve a nulla se non concretizzi le idee per farle funzionare. Conosco tanta gente che ha molto denaro e che viene da me perché non sa come impiegarlo, perché non ha esperienza, voglia e competenza. Per carità, anche quella è una scelta legittima: chi non è interessato ad avventurarsi in settori che non conosce e non ha tempo, preferisce affidarsi al professionista che agisce per loro. Come ci sono persone che hanno ereditato fortune che non sono state in grado di mantenere e preservare, o di accrescere non solo perché prive di conoscenze e informazioni ma, quel che è peggio, anche perché non hanno avuto alcuna voglia di applicarsi per studiare cosa fare con quel denaro ricevuto o ereditato.

Come ho spiegato nel mio libro *Migliora le tue finanze* ho imparato che il denaro non rende buoni o cattivi. Il denaro tira fuori e amplifica ciò che siamo: se siamo attivi e propositivi ci consente di realizzare quanto abbiamo in mente, i nostri sogni. Se si è meschini fa emergere l'arroganza, la presunzione, l'intolleranza e la grettezza. Il denaro è la cartina da tornasole di ciò che siamo, perché offre un'unica vera grande opportunità: quella di essere liberi nelle proprie scelte. E, come è noto, nella libertà, si tira fuori quello che si è.

SEGRETO n. 30: il denaro e le informazioni sono solo strumenti al servizio delle idee che saprai trovare, e delle azioni che le concretizzino. Senza idee, e applicazioni delle medesime, denaro e informazioni sono strumenti inutili.

Tornando alle informazioni e alla loro importanza (anche se, proprio come il denaro, sono solo uno strumento) la prima buona notizia è che sono totalmente gratuite e disponibili a tutti! Ci sono migliaia di **siti web**: www.eurekasa.it; www.kijiji.it; www.portaportese.it, e i portali delle agenzie immobiliari, portali riservati solo ad annunci privati ecc. Le stesse aste giudiziarie, in tutta Italia e per qualsiasi tipo di bene (mobile o immobile) sono on line, disponibili proprio a tutti. Anche le **riviste** del settore sono completamente gratuite! Solo i libri del settore sono a pagamento, ma comprendi come si tratta di spese irrisorie.

Nessun altro settore offre ciò che ti serve gratuitamente.

SEGRETO n. 31: non esistono altri settori, oltre a quello l'immobiliare, in cui reperire le informazioni necessarie sia totalmente gratuito.

Perché ho parlato di riviste e di internet? Perché i buoni affari, sono ovunque. Ad esempio: vai sul sito di *Porta Portese* e seleziona gli annunci che ti interessano. Per ciascuno di essi (privati che vendono) prepara una lettera in cui offri un prezzo, naturalmente inferiore (abbastanza ma non di troppo) a quanto richiesto. Ebbene: su cento proposte, vedrai che due-tre persone, accetteranno.

Questo perché alcuni annunci sono vecchi e da troppo tempo sul mercato, perché alcuni hanno bisogno di soldi e hanno fretta, o sono nelle più disparate e differenti condizioni di urgenza. Immagina se fai questo tipo di attività per un numero maggiore di proposte e/o periodicamente! Spargi la voce fra quelle persone che ritengo fondamentali per questo tipo di attività: i **portieri.** Essi sono sempre a conoscenza di qualsiasi cosa riguardo i proprietari ma, quel che conta, è che la loro collaborazione ti consente di conoscere eventuali situazioni potenzialmente interessanti, prima di tutti gli altri, operatori di settore compresi. Naturalmente, i portieri vanno incentivati prima, e gratificati dopo, a conclusione del buon esito di un'operazione.

Importanti sono anche i contatti con gli **amministratori di condominio**. Essi sono infatti a conoscenza di situazioni di insolvenza da parte di proprietari che non pagano il condominio. E sono molte le persone del genere, tanto che anche alle aste, spesso, quando analizzo le pratiche, noto che i creditori procedenti sono proprio i condomini stessi.

Diventa amico di **agenti immobiliari**: anch'essi, visto il mestiere che fanno, sanno quali proprietari hanno fretta di vendere, quali immobili sono sul mercato da troppo tempo, chi può aver urgenza, necessità di vendere dopo tanto tempo che ha dato mandato a vendere. Le persone all'inizio, quando firmano il mandato con l'agenzia, sono solitamente rigide sul prezzo. Ma siccome il prezzo lo fa sempre e solo il mercato, dopo mesi che non arrivano offerte o arrivano a prezzi notevolmente inferiori, si scoraggiano, e comprendendo come il mercato ha dato torto alle loro convinzioni sul prezzo, sono più disponibili a calare, diventando quindi più malleabili! Oppure, gli agenti immobiliari, possono segnalarti operazioni interessanti, *prima* di metterle in pubblicità. Quindi saresti un interlocutore privilegiato, se non unico.

Importante è anche il contatto con la **tua banca**: se hai un buon rapporto (se non ce l'hai, te lo devi creare) col direttore della filiale, ti puoi far presentare all'ufficio legale. Qui transitano le pratiche di incaglio mutui, ossia quelle relative a mutuatari che non onorano e le cui case andranno all'asta.

Ebbene, vaglia con i funzionari le pratiche relative agli immobili maggiormente interessanti, fatti dare i nominativi e prendi contatto con loro al fine di, laddove conveniente, proporre a quelle persone di saldare il loro debito (dopo aver "scorciato" alla banca la parte relativa alla quota interessi che dovrebbe ricevere e che non vedrà mai, soprattutto se l'immobile andrà all'asta) a fronte della cessione del medesimo a te (ti ricordo che l'immobile è sempre garantito da ipoteca perché le banche, quando erogano, appongono ipoteca di primo grado). Naturalmente, la cessione di quel credito comporta che diventi proprietario dell'immobile.

Questo alla banca conviene perché, come illustrato nel Giorno 5, se l'immobile (il credito) diventa oggetto di procedura esecutiva, trascorreranno di media sei-dieci anni prima che la medesima si concluda.

Anche tenuta l'asta, per l'approvazione del piano di riparto del ricavato dell'asta e la relativa distribuzione ai creditori, trascorrono di media ulteriori due anni, mentre nel frattempo le procedure erodono quel capitale disponibile. In conclusione, ai creditori procedenti quasi mai arriva la cifra che avevano richiesto. Quindi la banca sarà ben lieta di concederti uno sconto significativo, al fine di rientrare subito in possesso delle cifre per cui, in caso contrario, dovrebbe aspettare lustri e per prenderle in entità decisamente ridotta.

Conviene anche al proprietario insolvente perché in tal modo, pur avendo anche in questo caso perso l'immobile, egli non viene tuttavia segnalato nelle varie centrali rischi. Se viene segnalato non potrà mai più contrarre un mutuo, prendere un prestito o addirittura aprire un nuovo conto corrente. Il vantaggio per quest'ultimo è che torna "vergine" finanziariamente. E un domani potrà contrarre un nuovo mutuo. Anche i **notai** sono importanti perché sono sempre a conoscenza di situazioni particolari, nonché alcuni **avvocati** che lavorano nel recupero crediti di aziende, banche o enti vari.

Da tutte queste fonti puoi reperire sicuramente un mare di informazioni e valutare un oceano di possibili opportunità. Ovviamente, da tutta questa quantità di contatti potrai tirare fuori un 5% di ottimi affari, il che è normale: si lavora sulla quantità, per arrivare a concludere uno ristretto numero di operazioni. Le operazioni non devono essere tante: devono essere poche ma buone. Anche perché per un elevato numero di operazioni occorrono molte centinaia di migliaia di euro, o milioni di euro.

Per cui, importante è scegliere il proprio raggio d'azione e essere operativi a seconda delle proprie possibilità/potenzialità. Oltretutto è bene cominciare in piccolo e procedere per gradi: quando sarai più esperto allora potrai avventurarti in un maggior numero di operazioni, o in operazioni più grandi e/o più complesse.

SEGRETO n. 32: creare e coltivare una rete di persone che abbiano accesso a informazioni "riservate" è fondamentale per reperire ottimi affari.

Un esempio

Ecco una vicenda che vale come esempio sul fatto che i contatti e le informazioni sono fondamentali: proprio in questi giorni, un mio amico si è rivolto a me, affinché gli risolvessi un problema. Egli abita nella casa di un ente e, dal momento che l'ente ha deciso di vendere tutti i suoi immobili, gli ha chiesto se desidera esercitare il diritto di prelazione (obbligatorio per legge, dal momento che è inquilino) e acquistarla. Come è noto, gli enti vendono a prezzi estremamente vantaggiosi: nel suo caso, si tratta di immobile di 60 mq del valore commerciale di circa 180.000 euro.

Ebbene l'ente, dal momento che la proposta in realtà fu fatta anni fa (poi sospesa e poi ripresa), ma è stata rinnovata soltanto adesso e in maniera definitiva, gli ha chiesto 58.000 euro! Naturalmente è un affare. Ma il mio amico, contitolare con altre persone di una attività commerciale, avendo appena rilevato l'attività dagli altri soci è a corto di soldi, in quanto per trovarli ha dovuto liquidare la loro quota. In aggiunta, avendo avuto qualche problema con le banche, nessun istituto gli ha concesso il mutuo. Ha fatto il giro dei parenti per ottenere un prestito, senza alcun esito positivo.

Era disperato e arrabbiato: aveva per le mani l'affare unico (possibilità di acquisto a 58.000 euro di un immobile che ne vale 180.000) e non era in condizione di sfruttare l'opportunità che è di quelle che capitano una volta sola nella vita. Il termine per l'esercizio del diritto di prelazione scadeva a fine novembre. Ebbene, gli ho fatto una proposta: i 58.000 euro glieli davo io, unitamente ad altri 10.000 perché se ne andasse in affitto altrove.

Avremmo comprato l'appartamento, e rivenduto subito. In cambio del mio intervento, io ponevo come condizioni: 100.000 euro per me dalla vendita, la procura a vendere e le chiavi di casa. Naturalmente ha accettato. È chiaro che avrebbe preferito fare l'affare da solo, ma col mio intervento, nelle sue condizioni disperate, avrà comunque in mano 80.000 euro. Io, a fronte dei 68.000 prestati (58.000 per acquisto casa e 10.000 per anticipo nuovo affitto) ne ricaverò 100.000 (con un utile di 32.000 euro). Senza di me avrebbe perso tutto. Inoltre, gli ho mostrato che, è vero che se avesse avuto i soldi avrebbe fatto lui l'affare, ma anche così proprio male non gli è andata: io guadagno 32.000 euro anticipandone 68.000; ma lui, entra in possesso di 80.000 senza aver anticipato nulla ! Viste le sue condizioni ne esce alla grande! Mentre scrivo l'operazione è ancora in corso: ho pagato, e l'appartamento da un mese è in vendita. Trattandosi di piccolo taglio, a breve sono sicuro sarà venduto.

Ecco un esempio di come e quanto le informazioni ti possono arricchire. Se sviluppi e mantieni i tuoi contatti le opportunità escono fuori.

Un altro esempio

Un mio amico avvocato (custode giudiziario nelle procedure esecutive) mi ha contattato perché un suo cliente (quindi al di fuori della sua attività di custode giudiziario) ex promotore finanziario non ha onorato la banca, avendo smesso di pagare il mutuo. Questo avvocato ha molto a cuore la faccenda per un semplice motivo: aveva dato dei soldi al promotore finanziario affinché li investisse. Ebbene: ha riportato una perdita di 50.000 euro. Quindi ha interesse a recuperare la perdita subita. Il suo cliente, non pagando più la banca, subirà l'esecuzione forzata. Ossia: la banca creditrice pignorerà il suo immobile che andrà all'asta. Ebbene, quell'avvocato mi ha contattato per sapere se volevo rilevare il debito, ossia assumermi io il debito a fronte del trasferimento della proprietà oggetto di futura esecuzione.

L'affare è buono: il debito, su cui tratterò abbondantemente con la banca (e ho molto margine perché, non essendo ancora neppure intervenuto il pignoramento, la procedura durerà non meno di otto-dieci anni) è inferiore al valore dell'immobile. Il debito è di 200.000 euro, di cui circa 50.000 solo di interessi (che decurterò a 150.000 scartando gli interessi, tanto si tratta di soldi che non ha mai sborsato: gli rimborserò quindi solo il capitale effettivamente erogato) mentre il valore dell'immobile (villetta in bifamiliare di 180 mq con box e giardino a Cerveteri) ne vale circa 330.000.

Anche questa operazione è tuttora in corso. Se la cosa va in porto, io con 200.000 euro (150.000 alla banca e 50.000 al mio amico per recuperare la perdita subita affidando i suoi risparmi all'esecutato promotore finanziario) rilevo una villetta che sul mercato vale circa 330.000. E, sempre se l'affare si conclude, la immetterò sul mercato a 310.000 euro, ossia a 20.000 euro sotto la quotazione odierna, in modo da realizzare presto un utile da 110.000 euro, piuttosto che attendere magari qualche mese per ottenere 20.000 euro in più.

Questo perché, come detto, per me è importante la velocità di rotazione del capitale. Se io la vendessi a prezzo pieno, probabilmente dovrei aspettare qualche mese, periodo durante il quale terrei bloccato tutto il capitale e non potrei approfittare di ulteriori nuove opportunità. Siccome i miei guadagni solitamente sono superiori ai 20.000 a cui rinuncerei per venderla presto, mi conviene concedere quello sconto. Questo perché l'affare lo fai quando compri, mai quando vendi.

E se compri bene, puoi vendere bene. Per vendere bene devi essere leggermente al di sotto delle valutazioni attuali. Questi sono due esempi di operazioni tuttora in corso che mi sono piovute dal cielo. Tramite contatti e opportunità sono venuto a conoscenza (mi hanno contattato loro, per precisione) di situazioni in cui il mio intervento avrebbe determinato il buon esito, lasciandomi in tasca: 32.000 euro nel primo caso, e 110.000 nel secondo. Totale guadagni: 142.000 euro. Capitale impiegato: 68.000 euro nel primo caso e 200.000 nel secondo. Totale intervento: 268.000 euro. Utile sul capitale: 47%.

Eppure non ho impiegato una cifra esagerata. Come vedi, non è il denaro che mi rende ricco, né la singola informazione di per sé. Ma sia l'uno che l'altra sono stati degli elementi indispensabili per consentirmi di operare, unendo le due cose. Quindi: le informazioni forniscono le opportunità, il denaro i mezzi per concretizzare le opportunità. Le une senza l'altro servono a poco. Sei tu il vero investimento. Perché, come detto più volte: non è mai un singolo strumento a essere buono o cattivo. È l'utilizzo che ne fai a renderlo buono o cattivo.

Ultimo esempio

Ti porto come ultimo esempio un'operazione che sto per fare (quindi non ancora in corso). Tempo fa feci un'offerta per l'acquisto di un seminterrato di circa 50 mq. Mi interessava, in quanto avrei voluto acquistarlo con un mutuo che sarebbe stato pagato dall'inquilino a cui avrei affittato l'immobile. Costava relativamente poco: 74.000 euro. Si trattava di cantine condonate dal costruttore. L'annuncio lo trovai su internet. I seminterrati erano cinque, di cui quattro da 36 mq, due da 50 mq e uno da 80 mq. Io scelsi quello da 50 mq. Firmai la proposta, ma non arrivava l'accettazione della medesima. Dopo tre settimane mi spazientii e chiesi un incontro con l'agente di vendita, il quale mi restituì l'assegno perché il proprietario (il costruttore stesso) aveva cambiato idea.

Naturalmente, essendo questa una cosa strana, anziché arrabbiarmi chiesi come mai era accaduta. E da qui è uscita la possibilità di fare un affare: seguimi bene. Il proprietario mi disse che egli stesso era arrabbiato col venditore perché rinunciava alla provvigione (5000 euro) su ogni seminterrato, per un totale di 25.000 (erano cinque gli immobili).

Temendo una causa, il costruttore (perché aveva firmato un mandato e nei mandati, giustamente, se l'intermediario trova il venditore e chi vende non onora, ha ugualmente diritto alla provvigione) suo malgrado gli ha confidato la decisione di non vendere: il realtà, proprietari dell'intero palazzo in cui erano i seminterrati sono due fratelli, proprietari anche di due alberghi. Il problema è che un fratello gestisce molto bene, mentre l'altro molto male. Per cui il fratello che gestisce bene, stanco di spendere i propri utili per ripianare le perdite causate dall'altro fratello nella gestione degli asset di sua competenza, ha deciso di dividersi e di andare avanti da solo.

Naturalmente, per fare questo stanno procedendo a valutare e liquidare il patrimonio immobiliare per dividere a metà e andare ognuno per la propria strada. Quindi a gennaio, effettuata la stima e la valutazione dell'intero patrimonio immobiliare, lo affideranno per venderlo all'agente immobiliare con cui avevano firmato il contratto. In realtà, quando prenotai il seminterrato ne avrei voluti prendere almeno altri due, visto il buon prezzo e che erano già affittati. Ma sulla carta l'agente li aveva già dati in prenotazione ad altre persone. Insomma: da che ne avevo preso uno, nonostante ne volessi di più mi ero ritrovato con nulla.

Ma la situazione di contrasto fra i costruttori ha rappresentato per me un'opportunità che intendo cogliere. Loro devono per forza dare a quell'agente la vendita del tutto, perché siccome non gli hanno pagato quello che gli dovevano, gli hanno garantito che sarebbe stato lui a occuparsi della cosa. Perché la cosa può tornare a mio vantaggio? Per il seguente fatto: essendo decaduta la mia prenotazione, lo è anche per le altre persone che avevano prenotato gli altri seminterrati. E, tornando in vendita tutti verso gennaio, ho proposto all'intermediario di prenderli tutti io.

Se gli immobili costano di media 70.000 euro ciascuno, andrei a impegnare 350.000 euro. Ma acquistandoli in blocco chiederò uno sconto. Se riesco a prenderli a 310.000, e pur considerando un margine eventuale di ulteriori 15.000 euro di spesa, l'operazione mi costerebbe al massimo 325.000 euro. Ma se l'obiettivo è affittarli tutti (tre, i più piccoli, sono già affittati a 600 euro al mese; mentre i più grandi ancora no, ma essendo più grandi si può chiedere 700 euro, e sono due), incasserei una rendita di 3.200 euro al mese. Se l'impegno complessivo è di 325.000 euro, possiamo dire che l'investimento mi frutterebbe il 10% circa.

A cosa mi servirebbe quel rendimento? Semplice: a contrarre un mutuo per l'acquisto dell'intero pacchetto. Come sai bene, i tassi dei mutui non raggiungono il 10%, ma si attestano attorno al 6-7%. Per cui, se l'operazione va in porto la banca mi eroga il mutuo per l'acquisto, mutuo che verrebbe pagato dagli inquini, e mi rimarrebbe in tasca come entrata il restante 3% delle locazioni (perché il 6-7% delle medesime va a onorare il mutuo). Quindi, oltre a mettermi in tasca dei soldini, al termine del mutuo mi ritroverò **gratis** (perché pagato dagli affittuari) ben sei immobili di mia proprietà!

La banca non avrà problemi a concedere il mutuo, sia perché mette l'ipoteca sugli immobili, sia perché percependo le rate del mutuo dall'importo degli affitti in realtà non ha interesse a conoscere la mia situazione patrimoniale e soprattutto la mia capacità di rimborso: non sono io che pagherò il mutuo! Naturalmente, farò a loro favore una disposizione irrevocabile all'incasso fino al termine del pagamento del mutuo. In tal modo, la banca è sicura e tranquilla, io non sborso un euro, e l'affare si rivela liscio come l'olio e remunerativo per tutti.

Questi esempi di operazioni che sto facendo proprio nel momento in cui ti sto scrivendo non servono per mostrarti quanto sono bravo. Servono per illustrarti come le informazioni e le persone giuste possano offrirti delle opportunità. E come, soprattutto in relazione all'ultimo caso, tu possa fare affari anche senza soldi. Ma questo sarà oggetto apposito del prossimo Giorno. Quello che mi preme ora è che tu abbia compreso il potere dell'informazione.

E in quest'epoca informatica, quando tutti credono che il mondo economico sia in crisi, è vero l'esatto contrario: essendo cambiate le regole economiche e le prospettive future grazie al progresso tecnologico, è come se fossimo in una nuova età dell'oro. Perché pochi vedono le opportunità che questa nuova era (informatica) presenta e offre.

La maggior parte delle persone è ancora legata mentalmente ai "parametri mentali" dall'era industriale, e sono ancora "settate" a ragionare secondo schemi che danno moltissimo valore allo studio e alla fatica per il raggiungimento di uno stato economico che possa definirsi "ricchezza". Ma accanto a **studio** e **fatica**, il mondo di oggi (l'era informatica) permette di affiancare e di valorizzare moltissimo anche le **idee**: oggi fa i soldi chi ha le idee, chi sfrutta le opportunità che questa nuova era offre a chi si adegua presto alle nuove regole che la governano.

Non sono i soldi oggi (e questa è la vera rivoluzione) a consentirti di guadagnare molto: sono le informazioni, la globalizzazione tecnologica (interna) ma, soprattutto, come le usi. Mentre nelle precedenti epoche se non avevi soldi non avresti mai potuto diventare ricco.

Ancora una volta: non è importante ciò che sai, ma quello che fai con ciò che sai. I vari Bill Gates, o i fondatori della Apple, o gli inventori di Yahoo o Google sono persone che hanno fatto miliardi da giovanissime, elaborando idee nel garage di casa loro, o fra amici, alle volte solo per gioco.

Questo è quanto offre questa nuova epoca. Per chi sa e vuol vedere. Io stesso, grazie all'ebook che stai leggendo e agli altri due che ho scritto (*Migliora le tue finanze* e *Il consulente finanziario*) percepisco delle entrate giornaliere. Se avessi pubblicato su carta (tipica dell'era industriale) avrei dovuto spendere. Pubblicando il libro sotto forma di ebook non ho cacciato fuori un euro, e le mie entrate derivanti dai diritti d'autore sono costanti e senza limiti di orari (mentre le classiche librerie hanno degli orari di chiusura, festività, e vacanze estive). Quello che mi ha colpito, è stato vedere online quanti miei libri ho venduto ad agosto, e quante persone mi fanno ordini di sera, e alle volte di notte. Tramite internet vendo a qualsiasi ora. Tramite internet ho il mio sito web che mi porta gente.

E tutto questo, tranne il costo del sito (2.500 euro) mi porta un volume d'affari che, se fossimo stati ancora nell'era industriale, mi sarebbe costato una fortuna in termini di pubblicità. Capisci ora quando parlo di rivoluzione del secolo, riferendomi al potere dell'era informatica? Nessun'altra epoca, a mio avviso, ha fornito così tante e tali opportunità.

Ti do un altro esempio, di quanto sia vero quel che affermo. È una mia vicenda personale, affettiva. Io sono stato sposato per sette anni, e poi mi sono separato. Naturalmente tutti gli amici e conoscenti, pensando di far cosa gradita, mi hanno dato il "benvenuto nel club dei separati" (molti di loro lo erano) e hanno cercato di organizzarmi subito delle serate di divertimento per "dimenticare" (una separazione è sempre e comunque una trauma). Al di là delle buone intenzioni (che ho apprezzato) ho trovato estremamente triste lo stile di vita che conducono queste persone: locali notturni e punti di ritrovo di qualsiasi genere, la sera per quasi tutte le sere.

A mio avviso, chi lavora seriamente non può fare tardi la sera, in quanto il giorno dopo si è decisamente poco lucidi. Inoltre non apprezzo particolarmente la vita notturna: la facevo a venti anni, o quando ero studente all'università. Oggi mi fa profonda tristezza vedere la generazione dei quarantenni single che si comporta come i ventenni.

Ebbene, mi segnai su un sito di incontri molto serio: Meetic, famoso a livello internazionale. In questo sito si iscrivono persone che, come me, non amano "perdere tempo" la sera o le notti. Persone che hanno una vita propria, una propria attività, impegni. Per cui si tratta di persone che desiderano ampliare la gamma delle proprie conoscenze o crearsene una. Perché a venti anni è facile conoscere: feste, tutti gli amici liberi o quasi, e discoteche.

A quaranta anni il discorso è differente: gli amici e le amiche sono tutti sposati, le feste dei venti anni non ci sono più, e il tempo diventa tiranno quando si lavora.

Per farla breve: tramite il sito, quindi su internet, ho conosciuto la compagna della mia vita, un medico, con cui convivo da quattro anni e con cui ho un meraviglioso bambino! È chiaro che devi saper selezionare. Ma l'opportunità che quel sito mi ha dato, in relazione alle mie esigenze, caratteristiche e obiettivi, è stata grandiosa. Tramite gli strumenti dell'era informatica guadagno, lavoro e ho trovato moglie! Il tutto **gratis**!

A qualcuno può non piacere una simile modalità ritenendo che svilisca l'impatto emotivo delle nuove conoscenze. Ma non è così: internet mi ha offerto la possibilità di avere accesso, e quindi di entrare in contatto, con altre persone. Cosa che avviene ugualmente quando ti presentano qualcuno. Ancora una volta, lo strumento mi ha fornito "solo" l'opportunità di accedere a un qualcosa che m'interessava: conoscere.

Poi, naturalmente dipende da fattori personali sfruttare le

opportunità e coltivarle. Si tratta di un mezzo, non di un fine, e come tale va concepito e utilizzato. Anche gli amici o le feste, o i luoghi di ritrovo, sono un mezzo. Poi spetta a te approfittare delle opportunità. Internet è una di queste. Naturalmente, sono tutti validi i mezzi per reperire informazioni che ti possano agevolare nel realizzare quello che cerchi. Come detto, per reperire occasioni relative a persone che possano in qualche modo essere in difficoltà, fondamentali sono le relazioni con le persone che ti ho indicato prima. E quel tipo di informazioni non le trovi su internet. Non avere preferenze o pregiudizi sulle modalità in cui reperisci notizie. Ogni mezzo può essere utile se risponde alle necessità, e se fornisce opportunità.

Tieni sempre aperti tutti i sensori di cui sei dotato: visivi e uditivi. Puoi reperire informazioni anche nei luoghi più impensati: in palestra, in un circolo, a una festa di amici (io l'affare della villetta a Cerveteri l'ho reperito colloquiando con una persona a una festa di battesimo per la figlia di una mia carissima amica). Hai tutte le potenzialità che il sistema possa offrire... a te sta approfittarne!

RIEPILOGO DEL GIORNO 7:

- SEGRETO n. 30: il denaro e le informazioni sono solo strumenti al servizio delle idee che saprai trovare, e delle azioni che le concretizzino. Senza idee, e applicazioni delle medesime, denaro e informazioni sono strumenti inutili.
- SEGRETO n. 31: non esistono altri settori, oltre a quello l'immobiliare, in cui reperire le informazioni necessarie sia totalmente gratuito.
- SEGRETO n. 32: creare e coltivare una rete di persone che abbiano accesso a informazioni "riservate" è fondamentale per reperire ottimi affari.

GIORNO 8:
Come effettuare operazioni con pochi o senza soldi

Già ti ho illustrato alcune delle operazioni che richiedono un basso impiego di capitale, nell'ordine di poche migliaia di euro o, al massimo, di poche decine di migliaia di euro; e direi che sono piuttosto interessanti. Io ne ho fatta più di qualcuna e ti posso garantire che sono appetibili e remunerative.

Altri modi per reperire denaro sono i seguenti: fai il giro di amici e conoscenti, proponi loro di mettere una cifra ciascuno, mostra loro quello che stai per fare (illustra affari concreti, naturalmente) fai toccare loro la certezza del guadagno, e poi dividi in proporzione alle cifre conferite. Io utilizzo il contratto di associazione in partecipazione, in quanto ho adottato una srl come schema giuridico. Se tu preferisci operare a livello individuale, fatti dare i soldi sotto forma di prestito. A ciascun prestatore di denaro sottoscriverai una lettera in cui riconosci di esser debitore per la cifra che hai ricevuto. Naturalmente, a operazione effettuata, quando restituirai quanto ricevuto in prestito, maggiorato della quota parte di utile che spetta al prestatore, dovrai farti ridare indietro la lettera di riconoscimento del debito. Puoi fare la stessa operazione sempre con amici e conoscenti, ma con i soldi della banca: basta che una o più persone abbiano buste paga. A quel punto puoi accendere un mutuo e cominciare, ad esempio, con monolocali e seminterrati: li ripulisci e li rimetti in vendita immediatamente.

Vedrai che dopo svariate operazioni andate a buon fine, avrai sia più soldi dalla banca (per cifre anche superiori rispetto a quanto ottenibile tramite la busta paga), sia nuove persone che vorranno partecipare all'attività. Tutto sta nell'iniziare: vedrai che quando le cose girano, banche e amici ti faranno la corte per partecipare. Se invece sei da solo, o preferisci operare da solo, a maggior ragione devi coinvolgere la banca. Ti ricordo che esiste per questo: erogare denaro. Oltretutto questa crisi mondiale farà sì che il costo del denaro, e quindi dei mutui, si abbasserà sempre più, rendendo ancora più conveniente indebitarsi per fare affari.

SEGRETO n. 33: i tempi di crisi sono forieri di ottime opportunità per chi sa e vuol vedere; compri infatti denaro a bassissimo prezzo.

Oppure puoi fare l'intermediario, come ti ho illustrato nell'esempio che ti ho riportato in precedenza, quello relativo al "pacchetto parcheggi" che ho ceduto, già confezionato e corredato dall'ok dei vari amministratori di condomini, sancito da delibera assembleare.

O ancora, puoi mettere al servizio di chi ha soldi ma non ha né conoscenza in materia né tempo; la tua professionalità e il tuo tempo. Poi, dividerete in base alle percentuali prestabilite. Puoi anche fare il mediatore: proporre affari di cui solo tu sei a conoscenza a chi ha soldi da investire. Ti puoi offrire come incaricato per trovare potenziali clienti a chi ha beni da vendere e/o affittare. Tutti questi modi sono buoni per fare qualche soldino, da investire poi in attività tue personali. Nel frattempo, impari come funziona questo tipo di mondo, fai esperienza e, soprattutto, diventi un "insider", ossia: sei potenzialmente dentro il giro delle notizie e informazioni che, non essendo di pubblico dominio, possono rappresentare potenziali affari da compiere in proprio o con qualcuno. Puoi diventare la "persona di fiducia" di chi ha patrimoni immobiliari, oppure gestire con gli amministratori di condominio tutte le situazioni potenzialmente pericolose per loro, ma foriere di opportunità per te.

Fondamentale quando cerchi denaro è il come ti presenti, il come e cosa proponi, e la presentazione del tuo progetto. Occorre saper comunicare per trasferire il valore delle opportunità che offri. Comunicare è vendere.

Se vuoi comprendere come e perché sia fondamentale l'aspetto della comunicazione, ti suggerisco di leggere il mio ebook *Il consulente finanziario*. Tu dirai: «Ma cosa c'entra?» C'entra, perché il tuo scopo sarà quello di reperire la fiducia e i soldi delle persone. E, guarda caso, raccogliere fiducia e soldi da parte di investitori era proprio la mia principale attività quando ero promotore finanziario. Era differente solo l'impiego che facevo di quel denaro. Lì lo mettevo nel settore finanziario, tu invece lo impiegherai in quello immobiliare. Ma se non ero (e non sarai) capace di ottenere soldi e fiducia, tutto sarà inutile. In quell'ebook spiego sia le tecniche di comunicazione per vendere te stesso e ottenere credito e fiducia, sia come superare le possibili obiezioni dei tuoi potenziali clienti, cosa dire (ma, soprattutto, come dirlo), come presentarti e come impostare e illustrare al meglio il tuo progetto/affare in cui vuoi coinvolgerli. Ricorda: puoi essere la persona migliore del mondo, ma se non sai venderti (comunicare) nessuno ti darà credito, soldi e fiducia.

SEGRETO n. 34: se non apprendi e sviluppi le abilità di comunicare in maniera efficiente ed efficace nessuno ti darà soldi e fiducia. Puoi essere il migliore, ma senza soldi e fiducia non puoi fare nulla.

Un altro suggerimento che mi sento di darti è quello relativo alla *qualità* delle tue frequentazioni, del tuo giro di amicizie e conoscenze. Se comprendi l'importanza delle giuste frequentazioni, tante porte ti si aprono. Se frequenti spiantati, gente con scarse possibilità economiche, o comunque persone dal basso profilo socio-economico, capisci che diventa impossibile esercitare suddetta attività. Frequenta circoli, ambienti con persone elevate economicamente e socialmente, che possano a loro volta presentarti “dei propri simili”. So che può apparire un discorso classista… in effetti lo è. Ma non prendiamoci in giro: se vuoi lavorare in proprio, svincolarti dalla busta paga e fare in modo che i tuoi sogni non siano dettati o limitati dallo stipendio, devi necessariamente andare dove sono i soldi. Ossia, da persone che ne hanno.

SEGRETO n. 35: le giuste frequentazioni sono indispensabili. Frequenta persone di alto profilo socio-economico, o chi può farti conoscere queste persone. Vai dove sono i soldi, o da chi può presentarti persone che ne hanno.

Se puoi, agganciati a chi già ha ottenuto risultati in questo settore o a chi compie questa attività. In termine d’esperienza, questo sarà il guadagno più importante che tu possa conseguire. Un mentore, o dei corsi qualificati, possono accorciare di molto i tuoi tempi d’apprendimento e accelerare le tappe della tua esperienza, oltre a farti evitare degli errori che, da profano, potresti compiere e che potrebbero costarti cari. Man mano che aumenta la tua esperienza e che il tuo nome inizia a godere di una buona reputazione fra banche e persone potenzialmente interessate a fare affari, vedrai come e quanto diventerà sempre più facile ottenere credito, fiducia e denaro. Ma per arrivare a questo devi lavorare bene su te stesso, sulle tue convinzioni, sulle tue capacità di saperti vendere. Tutto questo percorso, puoi compierlo **mentre** effettui piccole operazioni nelle modalità che ti ho suggerito.

RIEPILOGO DEL GIORNO 8:

- SEGRETO n. 33: i tempi di crisi sono forieri di ottime opportunità per chi sa e vuol vedere; compri infatti denaro a bassissimo prezzo.
- SEGRETO n. 34: se non apprendi e sviluppi le abilità di comunicare in maniera efficiente ed efficace nessuno ti darà soldi e fiducia. Puoi essere il migliore, ma senza soldi e fiducia non puoi fare nulla.
- SEGRETO n. 35: le giuste frequentazioni sono indispensabili. Frequenta persone di alto profilo socio-economico, o chi può farti conoscere queste persone. Vai dove sono i soldi, o da chi può presentarti persone che ne hanno.

Conclusione

Siamo giunti alla fine dell'ebook. Come ho anticipato, non sono entrato nel tecnico su particolari argomenti (aste, modelli contrattuali vari, legislazione in materia fiscale ecc.) perché ti avrei solamente riempito di un'esagerata quantità di nozioni e informazioni. Scopo di questo testo è quello di offrirti una panoramica sulle possibilità connesse al mondo immobiliare.

Naturalmente dovrai approfondire molti argomenti, ma ciò non toglie che puoi iniziare anche in piccolo. Anzi, devi iniziare mentre apprendi: la miglior forma di conoscenza è l'esperienza diretta sul campo. Ma, essendo alle prime armi, ti raccomando di iniziare con monolocali e seminterrati: sono piccoli, facili da liquidare e ripulire, e non presentano mai problematiche particolari.

Ti ho illustrato come, cosa, quando e dove cercare opportunità; ti ho spiegato come puoi iniziare con pochi soldi, o senza soldi; in che modo diventare un insider (frequentando persone che possono essere a conoscenza di situazioni non di pubblico dominio), e come farti aiutare da persone qualificate, con cui necessariamente entrerai in contatto. Come creare, gestire una tua squadra (di professionisti e operatori edili per le ripuliture degli immobili) e come reperire potenziali clienti interessati a investire con te. Ora hai tutti gli strumenti necessari per cominciare. Sia che tu voglia fare solo qualche investimento-spot, sia che tu voglia praticare professionalmente questa attività.

In entrambi i casi ti assicuro che, se operi bene, in maniera prudente ma intelligente, le soddisfazioni, soprattutto economiche, saranno notevoli. Se saprai muoverti bene i periodi di crisi non ti toccheranno, ma, al contrario, per te, questi saranno degli ottimi momenti per fare affari.

E i migliori affari si fanno nei periodi di crisi, mai quando le cose vanno a gonfie vele! Avendoti io fornito le necessarie informazioni, e potendo reperire dove e come ti ho indicato quant'altro serve per scovare affari (internet, riviste gratuite del settore e delle agenzie immobiliari ecc.), saranno ora la tua determinazione, la tua operatività, il tuo impegno e la tua capacità a dimostrare quanto varrai. Non temere di sbagliare: solo chi non fa, non sbaglia. Tieni presente che la più importante differenza fra chi è ricco e chi non lo è consiste nel fatto che le persone diventate ricche non hanno avuto timore di cadere, perché sapevano che avrebbero potuto rialzarsi; mentre di persone non ricche ne conosco a tonnellate che pontificano su come andrebbero fatte tante cose e operazioni, ma che poi non le hanno mai fatte perché non hanno avuto il coraggio di mettersi in discussione.

Molti hanno paura di lasciare il *certo* per l'*incerto*, e per un solo motivo: non sono sicuri di riuscire e hanno paura di fallire. Non credono in sé stessi. Ecco da dove nasce a mio avviso l'invidia che spesso chi è ricco suscita in chi non lo è.

Chi si è fatto da solo non teme l'errore: non perché non abbia paura di sbagliare, ma perché sa che l'errore è tappa fondamentale e necessaria per crescere, evolvere e imparare. Mentre il non ricco vede questo come un ostacolo, un limite, un qualcosa da evitare assolutamente. Chi si è fatto da solo non ha la certezza di riuscire: ha la certezza di sapersi rialzare se cade. Perché crede in se stesso e nelle proprie possibilità.

I bambini sono "ricchi": quando imparano a camminare o ad andare in bicicletta sanno che cadranno tante volte, prima di riuscirci. Eppure, tutti i bambini del mondo camminano e sanno andare in bicicletta. Nessuno imparerebbe a nuotare, se pensasse di poter affogare finché non impara. Eppure, la stragrande maggioranza delle persone (guarda caso: da bambini) ha imparato a nuotare.

Una volta che hai gli strumenti a disposizione per decollare, spetta a te decidere come usarli. Ma il *come* usarli dipende da quanto sei disposto a scommettere e investire su te stesso. È questo il miglior investimento che tu possa fare. Tutto il resto è solo un mezzo per dare concretezza a quanto ritieni i poter realizzare, quindi valere.

Non fare come molti: si lamentano della vita che hanno, delle crisi, delle inefficienze del sistema, di quello che avrebbero potuto fare se… Quello che uccide sono i rimorsi e i rimpianti. O vedere gente che non ha nulla più di te né è migliore di te, ma che ce l'ha fatta.

Molti mi dicono: «Ma io ho un mutuo sulle spalle, ho famiglia da mantenere, non posso rischiare...» Tutte storie! Nessuno dice di buttarsi come un trapezista. Tuttavia, puoi iniziare con l'acculturati in materia e ad avviare piccole operazioni che richiedono pochi soldi. Magari assieme a qualcuno che è nelle tue stesse condizioni. L'unione fa sempre la forza, ricordalo. E se sono riuscito io che non ho nulla più di quanto non abbiano altri, allora puoi riuscire anche tu. Non sono un genio, né sono nato ricco, né appartengo alle alte sfere socio economiche: sono solo una persona che, come leggerai sul mio sito, ritiene che:

«*Impossibile* è quella parola usata dai piccoli uomini per non cambiare il mondo che è stato loro dato. *Impossibile* è sempre opportunità di superare i propri limiti, e mai ostacolo, *impossibile* è sempre sfida e mai un limite.»

Si sarebbe evoluto l'uomo se si fosse lasciato frenare dalle proprie paure e dai propri limiti? Ci sarà un motivo se siamo anche al vertice della catena alimentare. Se hai bisogno di qualsiasi tipo di aiuto, puoi contattarmi presso il mio sito web. Offro singole consulenze e corsi appositamente studiati. Come ho citato precedentemente: «*Se ritieni che la cultura costi, immagina quanto possa costare l'ignoranza*». Questo ebook, le mie attività di consulenza e i miei corsi servono proprio a questo: ridurli, fino ad azzerarli, i costi dell'ignoranza.

Perché in finanza, come nell'immobiliare, certi errori possono costare molto cari. Molto di più del prezzo che hai sostenuto acquistando questo ebook o investito in una consulenza o in un corso specifico per approfondire.

Un altro consiglio: accetta consigli e/o suggerimenti sempre e solo da chi ha provato sulla propria pelle le esperienze oggetto della trattazione di questo ebook, da chi lo fa già da tempo e, soprattutto, con successo. Perché tutti gli altri che predicano, pontificano e ritengono di poter dispensare perle di saggezza e conoscenza senza aver essi stessi fatto nulla di tutto questo sono solo persone che semplicemente non hanno avuto il fegato di scommettere su se stesse e di rimettersi in gioco. Quindi, se essi per primi non hanno creduto a se stessi, perché mai dovresti farlo tu nei loro confronti? Il mondo è pieno di gente che offre consigli. Accettali solo da chi ne sa più di te e da chi fa quello che dice da tempo e con successo. Non da altri. Ti auguro buona fortuna: ossia quella che sceglierai di meritarti!

Manuel Frinconi

www.ingramcontent.com/pod-product-compliance
Ingram Content Group UK Ltd.
Pitfield, Milton Keynes, MK11 3LW, UK
UKHW022023190726
13853UKWH00005B/2090